奨学生への指導手引

授業料無償化政策以降の指導助言

はじめに

本書の目的は、中学校・高等学校の進路指導担当者、児童福祉施設担当者、大学教員を対象に、最新の奨学金の事情や授業料無償化政策（以降、「無償化政策」と略記）の事情を解説し、生徒や保護者への周知と的確な指導や助言を可能とすることである。そして、生徒の就学支援に携わる関係団体の情報を提供することで、学校と関係団体との連携協働を促すことを目的としている。加えて、現場で活用できるようにケースメソッドを通じて、生徒への指導助言として必要な奨学の考え方や話の進め方を学ぶことも目的としている。

近年、無償化政策の始動と奨学金受給者の急増により、授業料無償化の手続きや奨学金申請を解説する書籍の出版が相次いでいる。それらはいずれも善意をもって出版されており、情報も豊富に掲載し、読者に有効な情報を提供している。しかしながら、授業料無償化手続きも奨学金申請も、生徒や保護者だけが関わるのではなく、学校関係者や福祉行政担当者など複数の領域にまたがって幅広く関わるのである。複数の領域にまたがるということは、それぞれの領域ごとに専門用語や価値基準が異なっており、その違いを理解しておかなければ、生徒が制度を理解していても、関係者の制度的無理解のために生徒に支援が届かない事態を招く危険があると考える。

本書は、そうした事態を回避するために、生徒に最も寄り添う学校関係者と福祉施設担当者を主たる対象にして、無償化政策と奨学金制度の基本枠組みと活用のために必要な手立ての知識を提供するものである。とはいえ、専門家以外の保護者や一般市民、生徒や学生も読んで差し支えない。むしろ本書を読むことで、相談相手の指導助言が的を射ているか否かがわかるであろうし、相談相手に頼れないとわかった場合は、本書を参照して自分自身で取り組まざるを得ないからである。残念なことに、現在の日本社会では貧富の格差が大きく、相談相手となる専門家自身が貧困状態を経験しておらず、貧困家庭の実態を観念的に捉えてしまい実効性のない指導助言をしてしまうことがしばしばある。このことは、職業としての教職の社会的地位にも関わる問題である。なぜなら、日本では一九七四（昭和四九）年の「学校教育の水準維持向上のための義務教育諸学校の教育職員の人材確保に関する特別措置法」制定以降、一般公務員よりも給与水準が高くなったことで教職は、貧乏人が就く職種の代名詞ではなくなった。その反面、教職に携わる者と貧困家庭の子どもたちとの経済水準のかい離がすすみ、貧困家庭の子どもたちの生活に即した教育実践を行うという発想自体が教職に携わる者から出にくくなっているからである。

とりわけ教職の世界では長期にわたって、学び手である児童生徒を平準化した存在とみなした上で、教育実践を行ってきた。経済的に困窮する家庭の児童生徒がいたとしても、それは福祉領域において「文化的で最低限度の営み」の水準にまで生活向上が達成できているはず、という前提である。この構図は、一九七〇年代に社会教育学者の小川利夫[1]によって批判され、福祉領域

1　小川は「教育福祉」概念を基にして、この問題を定位し、学際的な課題とする。小川利夫「児童観と教育の再構成」小川利夫・永井憲一・平原春好編『教育と福祉の権利』勁草書房、一九七二年、一一二五ページ。

では求められる生活水準まで生活向上を達成できないまま学校現場では不平等な状態が存在しており、その不平等に対してどのように支援と教育実践を展開していくかが問題とされた。残念ながら、この構図は現在も残存しており、経済的に困窮する児童生徒への支援が引き続き必要とされている。しかも二〇二〇（令和二）年に発生して長期化しているコロナ感染症対策によって失職者が増大したことからも、生活困窮世帯の生徒への支援がますます必要とされており、その実現に向けて学校関係者と福祉系専門家とが共通理解を深めて、経済的に困窮する家庭の生徒たちに適切な指導ができるようにしておかねばならない。著者は、これまでに一般市民・高校生・保護者・福祉系専門家・教員を対象に無償化と奨学金制度の講義を実践してきた。本書の刊行で、より多くの人々に伝えることを目的としている。

本書は、ＮＰＯ法人Swing-By（以降、「Swing-By」と略記）が企画・出版するものである。Swing-Byとは、宮崎県において児童養護施設の子どもたちへの給付型奨学金の提供と大学進学後の生活支援アドバイス、生活困窮家庭対象の学習支援や学力向上支援事業、学力支援事業、宮崎県からの委託事業として福祉系専門家向け講座を行っているＮＰＯ法人である。弁護士やマスコミ関係者、福祉関係者や大学教員によって構成されている。著者は、二〇一八（平成三〇）年八月から二〇二一（令和三）年三月までSwing-Byの理事として在籍し、二〇二一年四月からはSwing-Byのアドバイザーとして、奨学金や授業料免除制度の情報収集と関連団体への情報提供に取り組んでおり、その一環として本書を出版した。

本書の構成は、第1章が奨学生を指導助言する専門家として最低限知っておかねばいけない基本枠組みと基礎知識を説明している。第２章が現行の無償化政策の概要である。第３章が無償化後にかかる私教育費の概算の説明である。第４章が関連団体との連携協働の説明である。第５章と第６章は、実践での活用ができるようにケースメソッドの例題を掲載しており、第５章が生徒指導バージョン、第６章が保護者対応バージョンである。ケースメソッドは、第１章から第４章までを学んでおけば、取り組めるようにしている。加えて、各章の間にコラムを挿入した。本文にそぐわない断片的なトピックを述べるためである。紙幅の関係上、注釈での引用文献と参考文献の解題を必要最小限にしているがご容赦願いたい。本書をもって、一人でも多くの専門家が、奨学生の可能性を伸ばせるような指導助言ができれば幸いである。なお、本書の販売で得られた利益は、全てＮＰＯ法人Swing-Byに寄付される。

目次

【凡例】

本書では、授業料無償化政策を「無償化政策」、奨学金の受給者を「奨学生」、二〇二〇年から続く一連の新型コロナ蔓延予防措置を「コロナ感染症対策」と表記する。

本書の見出しは、章・節の順とする。節より下位の見出しが必要な場合は、番号を付さずにＵＤ教科書体で見出しを表記する。

本書の表現として、文体は「です」「ます」ではなく「だ」「である」に統一する。敬語表現は用いない。

本書の表記として、本文はなるべく常用漢字・現代仮名遣いを使用する。団体名・文書名・法令名などの固有名詞は、原則として初出の際に正式名称を記すこととし、その後略称を用いる場合は、初出の際にことわりを入れる。漢字を使用する言語を除いて、いわゆる外来語はカタカナで表記する。

本書の数字表記として、数字は漢数字を用いる。ただし、数字が四桁を超える場合には「万」「億」「兆」を挿入する。

年号は西暦で表記し（　）内に日本年号を記す。

教育を受ける権利の根拠法

日本国憲法第26条　すべて国民は、法律の定めるところにより、その能力に応じて、ひとしく教育を受ける権利を有する。

2　すべて国民は、法律の定めるところにより、その保護する子女に普通教育を受けさせる義務を負ふ。義務教育は、これを無償とする。

教育基本法第４条　すべて国民は、ひとしく、その能力に応じた教育を受ける機会を与えられなければならず、人種、信条、性別、社会的身分、経済的地位又は門地によって、教育上差別されない。

2　国及び地方公共団体は、障害のある者が、その障害の状態に応じ、十分な教育を受けられるよう、教育上必要な支援を講じなければならない。

3　国及び地方公共団体は、能力があるにもかかわらず、経済的理由によって修学が困難な者に対して、奨学の措置を講じなければならない。

学校教育法第19条　経済的理由によって、就学困難と認められる学齢児童又は学齢生徒の保護者に対しては、市町村は、必要な援助を与えなければならない。

第1章　基本枠組みと基礎知識

本章では、無償化政策と奨学金制度を理解する上で欠かせない、制度の基本的枠組みと基礎的知識を説明する。既に基本枠組みと基礎的知識を学習済みの方は、本章を飛ばして次章以降を読んでいただきたい。

本章で学ぶ概念は、①公教育費と②私教育費、③世帯への公費投入と④機関への公費投入、⑤国際人権規約と⑥高等教育の大衆化を加えて、⑦シグナルと⑧投資の計八項目である。

①公教育費

まず、概念としての「公教育費」とは、徴税を経て集められた公的な資金のうち、国や地方自治体によって教育のため配分される費用を指す。元は国民の税金であるので、その使途は議会で議論され決定された後に、行政団体を通じて執行される手続きをとる。「公教育費」には、国や地方自治体の教育に対する思想が込められている。国や地方自治体等が、どのような教育思想を込めて公費を配分しているのかは、重要なテーマの一つである。

とはいえ、我が国では現在のように国や地方自治体が「公教育費」を徴税のみで集めて配分する形が確立したのは、二〇世紀中頃からのことであり、一九四一（昭和一六）年の国民学校令ま

公財政支出、私費負担、国際財源による支出、教育段階別

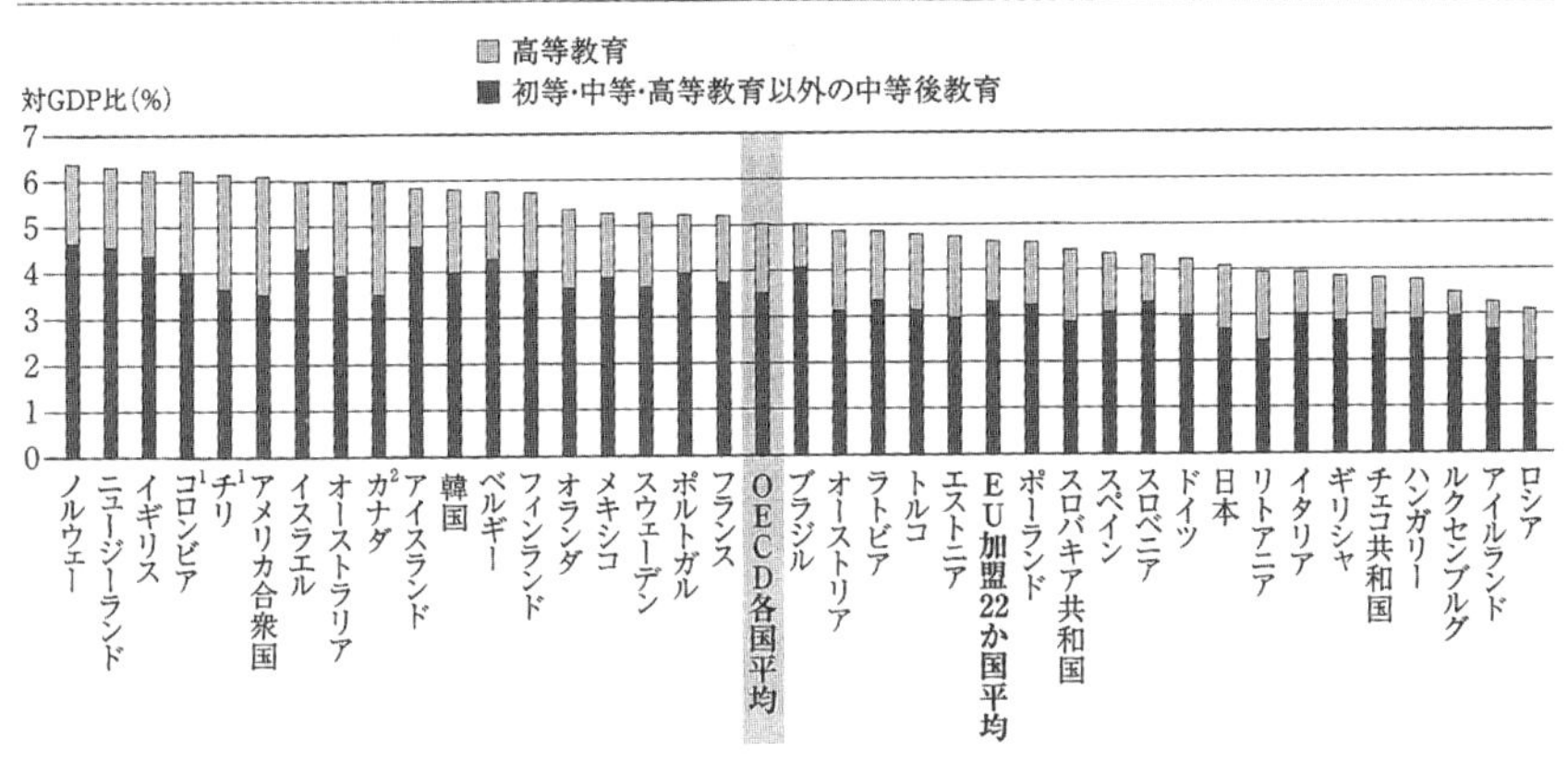

1. 調査年は2016年。
2. 初等教育に就学前教育と前期中等教育が含まれる。
左から順に、初等教育から高等教育の教育機関に対する総支出が多い国。
資料：OECD/UIS/Eurostat（2018）。表C2.1。詳細は「資料」を参照。付録3の注を参照（http://dx.doi.org/10.1787/eag-2018-36-en）。
StatLink：https://doi.org/10.1787/888933804318

図1　教育機関に対する総支出の対GDP比（2015年）

出典：OECD／UIS／Eurostat2018年より抽出。

では、公立学校の運営に地域の共同財産を活用していた歴史がある。また近年では、教育特区を設定することで公立学校の運営に民間企業の資金を活用する形態も登場している。こうした事例でも、公立学校の運営に資する限りは「公教育費」であり、そこに込められた地域住民や民間企業の教育に関する思想が検証の対象となる。

国や地方自治体が公教育費をもって、学校教育にかかる費用を負担する形態を「公的負担」という。上の図が示すように、我が国では、OECD加盟国において対GDP比四%程度で推移している。

北欧のノルウェーの対GDP比が六%を超えており、隣国の韓国は六%に迫っている。OECD加盟国全体の平

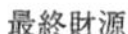

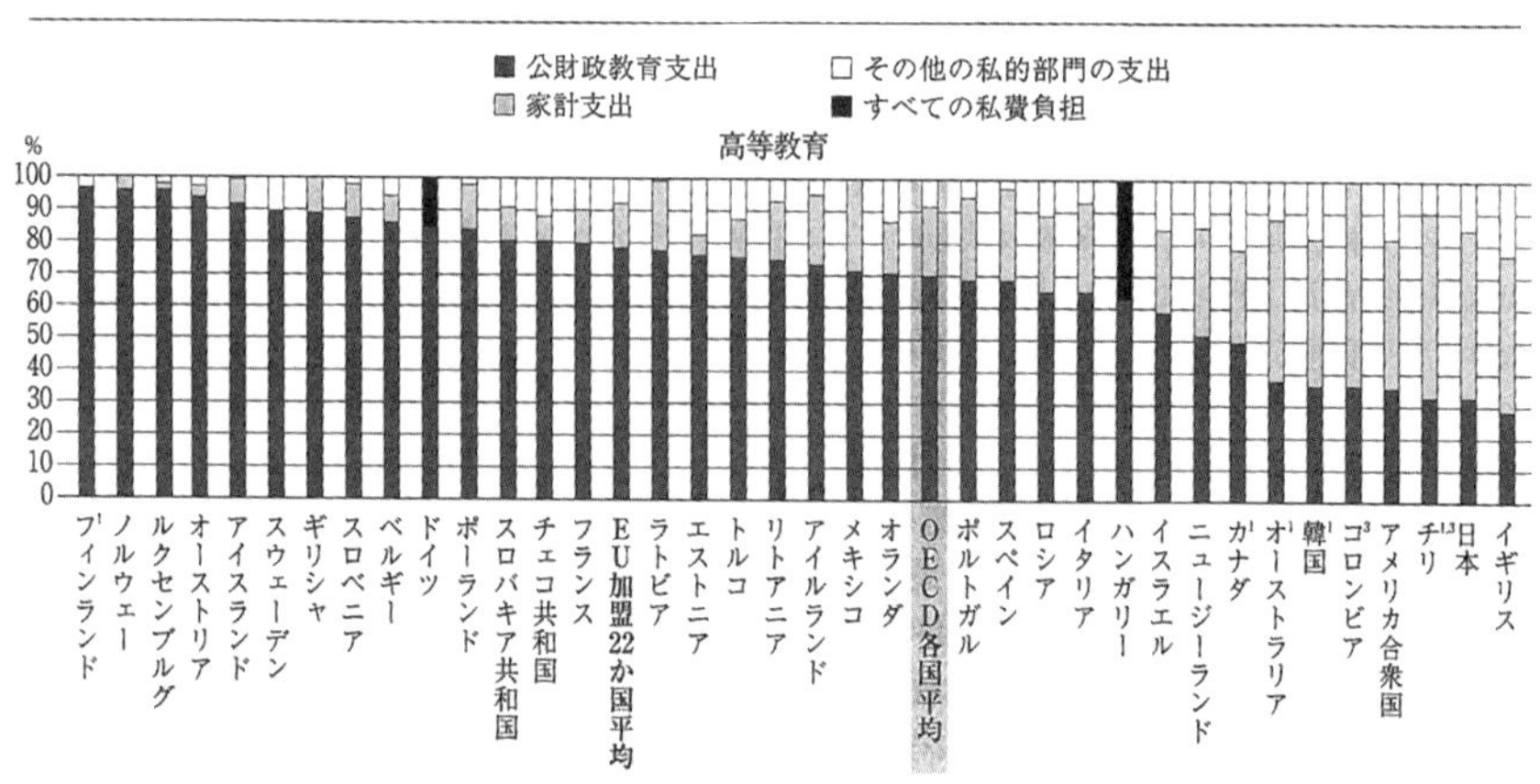

1. 国際財源からの支出は含まない。
2. 初等教育に就学前教育と前期中等教育が含まれる。
3. 調査年は2016年。

注：データ表示の都合上、国際財源からの支出は公財政支出と合算している。
左から順に、教育段階別に教育機関に対する公財政教育支出と国際財源からの支出の割合が大きい国。
資料：OECD/UIS/Eurostat (2018)。表C3.1。詳細は「資料」を参照。付録3の注を参照 (http://dx.doi.org/10.1787/eag-2018-36-en)。
StatLink：https://doi.org/10.1787/888933804470

図２　高等教育段階での教育機関に対する教育支出の公私負担割合（2015年）

出典：OECD／UIS／Eurostat2018年より抽出。

均が五％であることを鑑みても、日本の低水準さが指摘できる。しかしながら、我が国では国や地方自治体の財政状況の悪化から、この公教育費の支出額が容易には増えない状況である。

②私教育費

私教育費は、「家計負担」と「自己負担」に分かれる。日本では、家計から追加されている教育費で大きく占められている。これを「家計負担」という。図2の「その他の私的部門の支出」には、学習者自身が負担する「自己負担」がある。

図2が示すように、日本は、高等教育段階では家計負担の割合が五〇％程度であり、公的負担は三〇％程度であり、教育費の多くを家計に大きく依存

してきた。後述するが、現在の家計水準で今後も家計負担重視型で、現行の負担割合を継続できるか否かが焦点となっている。一方で、北欧諸国は公的負担が八割以上ある。ただし、その分税金が高い。「贅沢品」にかかる間接税は特に高率である。

③世帯への公費投入

子どものいる世帯に対する公的な経済的支援として、現金給付と税制上の各種控除がある。日本では、児童手当等の支給の他、所得税制における扶養控除が実施されている。ここでは、かつて「子ども手当」と呼ばれていた現行の「児童手当」と「児童扶養手当」に注目する。「子ども手当」は、二〇一〇（平成二二）年の民主党政権時代に始動し、二〇一二（平成二四）年四月から「児童手当」になった。「子ども手当」は、当初こそ国が子どもを持つ家庭に対して、当初は子ども一人あたり月額三万円を公費から支給する予定であった。しかしながら、財源問題や政権交代もあり、支給対象年齢や支給額が変更され、所得制限が加わった。現行の「児童手当」は〇歳から三歳未満は半額の一万五〇〇〇円、三歳以上から小学校修了までは一万円（第三子以降は一万五〇〇〇円）、中学校卒業（一五歳の誕生日後の最初の三月三一日まで）までは一律一万円が支給されることとなった。所得限度額以上の収入がある世帯には特例給付として五〇〇〇円が支給される。二〇二二（令和四）年十月から年収一二〇〇万円以上は廃止予定である。「児童扶養手当」は、ひとり親で一定所得を下回る場合に所得や子の人数に応じて一万円から五万円が子どもが一八歳到達後最初の三月三一日まで支給される。なお、いずれの手当も申請は、各世帯が役所の担当部署の窓口に申請する必要がある。

子どもがいる世帯のうち、低所得者への経済的支援として生活保護制度がある。このうち学校の給食費や文房具費等の費用を地方自治体が負担する教育扶助がある。こうした経済的に困窮している個人や世帯に直接的に経済的支援をすることを「個人補助」もしくは「世帯補助」という。未成年者の場合、保護者と同一の家計であることが多いが、大学生は独立することが多いので、以降「個人補助」と表記する。

現在、公立高等学校も私立高等学校も高等学校就学支援金により一定所得以下の世帯は、授業料が無償となっている。この高等学校就学支援金は「個人補助」である。しかしながら、授業料に対して就学支援金を支給するかたちであり、実際に世帯には支給されず、学校に直接支給されて授業料と相殺される仕組みとなっている。高等学校就学支援金の申請は、学校を通じてしなければならない。その他の「個人補助」として、低所得世帯の大学生への奨学金制度がある。これらの制度については、第2章で詳細を説明する。

いずれにせよ受給希望者が行政や学校の窓口に必要書類を添えて申請する必要がある。これは、行政側から見れば、受給対象候補者を該当者か否か全員チェックすることが困難なため、一定の水準を満たした給付対象者であることを受給希望者側から申請してもらう必要があるためである。

④機関への公費投入

地方自治体や教育機関への公費の支出の在り方の違いである。大きく分けて交付金・補助金の二種類がある。交付金の主たるものとしては、地方交付税交付金がある。地方交付税交付金は、国から地方自治体へ一定の目的を持って交付される金銭のことであり、「一定の目的」を持った事業であれば公費の使い道について、地方自治体に裁量権がある。一方で、補助金は特定の事務または事業を補助するために国から交付された金銭を指しており、地方自治体にとっては公費の使い道が明確であり固定化されている。

これらに類似したものとして助成金と負担金がある。助成金は特定の目的のために支出される補助金であり、教育では私学助成金が該当する。負担金は、法律に基づいて国の負担として交付されることが定められている金銭を示しており、教育では公立学校教員の給与への補助である義務教育費国庫負担金が該当する。これらの地方自治体や教育機関への補助金を「機関補助」という。教育機関への補助の目的は、教育の機会均等と教育の水準を維持させるためである。

公教育費の支出の在り方について、前述の「個人補助」か、「機関補助」かのどちらに重点がおかれるかについては、国や地方自治体が専門家主義と素人主義という二つの考え方のいずれを重視するかで異なったものとなる。専門家主義に則れば、専門家である教員や福祉施設担当者の実践に期待して、実践が充実するように機関への補助金額を増すことになる。この場合世帯には全く金銭はまわってこないことになる。一方で、素人主義に則れば、素人である保護者が子どもの最善の利益を保障するために最善の選択をするはずだと仮定し、世帯に金銭がまわり、それを元手にして世帯は子どもの最善の利益となるものを選択することになる。我が国の現状では、専門家集団への国民の信頼なくしては、機関補助が拡充する政策が支持されることはないのである。

⑤国際人権規約

日本国政府は、一九六六（昭和四一）年一二月一六日にニューヨークで作成された「経済的、社会的及び文化的権利に関する国際規約」（社会権規約）の批准書を寄託した際に、同規約第13条2(b)及び(c)の規定の適用に当たり、これらの規定にいう「特に、無償教育の漸進的な導入により」に拘束されない権利を留保していた。ところが、二〇一二（平成二四）年九月一一日に国際連合事務総長に同留保を撤回する旨を通告したのであった。この通告により、「特に、無償教育の漸進的な導入により」に拘束されることとなり、政策として反映させることになった。該当する条文の内容は次の通りである。

第13条2(b)種々の形態の中等教育（技術的及び職業的中等教育を含む。）は、すべての適当な方法により、特に、無償教育の漸進的な導入により、一般的に利用可能であり、かつ、すべての者に対して機会が与えられるものとすること。

(c)高等教育は、すべての適当な方法により、特に、無償教育の漸進的な導入により、能力に応じ、すべての者に対して均等に機会が与えられるものとすること。

現在所得制限がかかっているが、公立高等学校も私立高等学校も授業料が無償化となり、高等教育機関である大学も授業料無償化政策が進展している。この政策動向は、日本国憲法第98条第2項「日本国が締結した条約及び確立された国際法規は、これを誠実に遵守することを必要とする」により、国際条約や規約が規定している内容を国内法に反映させているからである。

表1　我が国の大学の学校数と学生数の推移

	学 校 数			（人）	学 生 数			（人）
	国立	公立	私立	計	国立	公立	私立	計
1955（昭和30）年	72	34	122	228	186,055	24,936	312,364	523,355
1975（昭和50）年	81	34	305	420	357,772	50,880	1,325,430	1,734,082
1990（平成2）年	96	39	372	507	518,609	64,140	1,550,613	2,133,362
2005（平成17）年	87	86	553	726	627,850	124,910	2,112,291	2,865,051
2020（令和2）年	86	94	615	795	598,881	158,579	2,158,145	2,915,604

出典：『学校基本調査』の各年度より抽出し、著者が作成した。

⑥高等教育の大衆化

「高等教育の大衆化」は、①大学の量的かつ空間的拡大と、②高度経済成長による家庭での教育への追加費用が確保できたことで達成した。

大学の量的かつ空間的拡大については、上の表を参照。

我が国の大学の学校数は、一九五五（昭和三〇）年には、国立七二校・公立三四校・私立一二二校の計二二八校であった。六五年後の二〇二〇（令和二）年には、国立大学は八六校と漸増であるが、公立大学は九四校と約三倍に増えた。私立大学にいたっては六一五校と五倍にも増えた。総数としては、二二八校から七九五校へと約六倍に増加した。

学生数は、一九五五（昭和三〇）年には、国立一八万六〇五五人、公立二万四九三六人、私立三一万二三六四人の計五二万三三五五人であったが、二〇二〇（令和二）年には、国立五九万八八八一人、公立一五万八五七八人、私立二一五万八一四五人となり、総数は一九五五（昭和三〇）年の五倍以上にあたる二九一万五六〇四人となった。

国立大学に注目すると、校数が漸増でありながら、学生数が約三倍となっている。これは一校当たりの収容定員数が多くなったことを示している。公立大学は、二〇〇〇年代に入って約二倍に増えている。大学ごとに事情が異なるが、私立大学からの移管や都道府県だけでなく市町村も設置に関わる公立大学などが登場している。一九九〇年代以降は、少子化の影響で一八歳以上の青年の数は漸減していくのだが、私立大学生の数は増えており、総数で二一万人余の学生を私立大学が収容している。学校数では国立大学は全体の一割程度しかなく、学生数も総数の二割程度である。公立大学は二〇二〇（令和二）年には学校数で国立大学と同水準であるが、学生数は少ない。私立大学は、学校数で八割、学生数で約四分の三を収容していることから、一八歳以上の青年に大学進学の機会を確保する機会を提供しているといえる。そのことは、進学率の推移からも読み取れる。

表２　高等教育機関（全国）進学率の推移

	進学率 (%)	
	４年制大学	高等教育機関（４年制大学と短大と専修学校専門課程含む）
1955（昭和30）年	7.9	10.1
1975（昭和50）年	27.2	39
1990（平成２）年	24.6	53.7
2005（平成17）年	44.2	76.2
2020（令和２）年	54.4	83.5

出典：『学校基本調査』の各年度より抽出し、著者が作成した。

『学校基本調査』によれば四年制大学への進学率は、一九五五（昭和三〇）年に七・九％であった、二〇二〇（令和二）年には、五四・四％となっている。進学率については、四年制大学に短大と一般に専門学校と呼ばれる専修学校専門課程への進学者を加えた高等教育機関進学率があり、こちらは一九五五（昭和三〇）年に一〇・一％だったのが、二〇二〇（令和二）年には八三・五％（過年度卒生含む）になっている。高卒就職者数の全国平均は一七・四％である。ただし、これらの数値は全国平均である。宮崎県では、同年の高卒就職者率は二八・七％であり、四年制大学進学率は四四・九％であるように、都道府県によって実態に差がある。

高校進学率は、昭和四〇年代に九五％以上となり、二〇二〇（令和二）年で中学校を卒業して就職するのは、二〇六八人であり、卒業者に占める就職者の割合が〇・二％となっている。一九五〇年代の中卒就職率が四〇％台で推移していたことと比較すると大きな変化である。

高等教育の大衆化の達成には、一九六〇年代から一九七三（昭和四八）年までの高度経済成長によって、大学進学のための教育費を負担しうるだけの経済力を確保できたことが大きい。

次ページの表3は、国立大学と私立大学の授業料の変遷を示しているように、国立大学の授業料と入学料の推移からは、一九七六（昭和五一）年以降の値上げ幅が大きいことが指摘できる。二〇〇五（平成一七）年以降は、横ばいとなっている。現在大学の授業料は、国立大学が法人化した後で大学の判断で授業料を設定できるようになったが、多くの大学が年間五三万五八〇〇円で固定化し、千葉大学や一橋大学が数万円高く設定している。私立大学の授業料は、国立大学のように学部に関係なく一律ではなく、文系学部と理系学部とで大きな差があるが、平均値でいえば、国立大学の授業料の二倍以内で抑制されている。とはいえ、一部の富裕層だけではなく、多くの一般大衆の家庭が、上記の授業料を負担してでも子弟を進学させられるようになったことで、高い大学進学率となったのである。

ただし、「教育の大衆化」は、教育の私事化をもたらせた。著者が大学に進学した一九九〇年

表３　国立大学と私立大学の授業料の変遷

	私立大学	
	授業料（円）	入学料（円）
昭和50年	182,677	95,584
昭和51年	221,844	121,888
昭和54年	325,198	175,999
昭和57年	406,261	212,650
昭和62年	517,395	245,263
平成２年	615,486	266,603
平成６年	708,847	280,892
平成14年	804,367	284,828
平成20年	848,178	273,602
平成25年	860,266	264,417
平成30年	904,146	249,985

	国立大学	
	授業料（円）	入学料（円）
昭和25年	3,600	
昭和30年	3,600	
昭和31年	9,000	
昭和38年	12,000	
昭和47年	36,000	
昭和51年	96,000	50,000
昭和53年	144,000	60,000
昭和55年	180,000	80,000
昭和57年	216,000	100,000
昭和59年	252,000	120,000
昭和62年	300,000	150,000
平成元年	339,600	185,400
平成３年	375,600	206,000
平成５年	411,600	230,000
平成７年	447,600	260,000
平成９年	469,200	270,000
平成11年	478,800	275,000
平成13年	496,800	277,000
平成15年	520,800	282,000
平成17年	535,800	282,000
平成30年	535,800	282,000

出典：文部科学省「国立大学と私立大学の授業料等の推移」から抽出。

代には、地元の新聞に国立大学合格者の氏名が掲載されていたし、中国地方のある市町村では、一九九〇年代まで国立大学合格者が出ると花火を上げる慣習があったところもある。教育の私事化とは、進学など教育にまつわる動機付けが社会的要請によるものというよりは、家庭のドラマで決定づけられるようになったことを示している。とはいえ、多くの家庭で、子弟の就学期間が延長した。我が国ではわずか半世紀で、子弟が一〇代半ばで就職していた時代から二〇代前半まで就学する社会になった。

しかしながら、現在の経済状況を鑑みると将来も同様の構図で高い大学進学率を維持できるかは疑問である。非正規雇用者の増大による所得水準の低下は、私教育費の家計負担が不可能である家庭を増加させていることが問題である。

⑦シグナルとしての学歴

「シグナル」とは、「しるし」や「記号」である。シグナルとしての学歴とは、学歴や学校歴がある人物の性質を指示するものとして働きをもっていることである。このシグナルとしての学歴が「本人の能力を示す情報として市場で機能すれば、教育内容に直接生産性を向上させる効果がなくとも、学歴間で賃金格差が生じ」ることをシグナリング理論という（『経済事典』有斐閣）。

学校歴に注目すれば、我が国には、設立されてから一〇〇年以上経過する伝統校ともいうべき大学がいくつかある。そうした大学を卒業した場合、たとえ大学に入ってから全く勉強せず何の知識や技能を身につけなくても、就職活動の際には企業がシグナルとしての学歴（学校歴）のみを評価して採用してくれることがある。なぜならそれは、就職希望者個人の能力に対する評価ではなく、企業側は、就職希望者が背負っているシグナルとしての学歴（学校歴）を信頼して採用しているからである。このシグナルとしての学歴に対する信頼の構築には何世代もかかる。伝統ある大学の卒業生たちが社会で活躍することで蓄積してきた実績が信頼の根拠である。シグナルとしての学歴（学校歴）を発揮することは、伝統校が持つレガシィ（遺産）を消費していることになる。

学歴に注目すれば、前述のように二〇二〇（令和二）年時点で四年制大学進学率は五四・四％となっている。高等教育機関進学率は、八三・五％である（過年度卒生含む）。この状況があと三〇年続けば、いずれ就職時には高等教育機関進学者が多数を占めることになり、高卒以下の学歴では条件の良い職業に就ける可能性が著しく下がることが予想される。シグナルとしての学歴の全体水準が高くなることで、就職の要件が厳しくなるのである。こうした状況に対して、「高卒程度の学歴でも十分に就職できる社会にすればよい」との言説があるが、技術革新により高度化している社会では求められる知識と技能の水準が高等教育機関に進学せねば身に付かないほど高くなるので、その言説は非現実的である。むしろ、リカレント教育など社会において知識や技能を更新できるような、学習の機会が保障された社会が求められると考える。

さて、在学中の生徒や学生にとって、シグナルとしての学歴の読み取りは困難である。なぜなら日本の生徒や学生は学校では同年齢集団であるので、在学中はシグナルとしての学歴が相殺し合っているからである。シグナルとしての学歴は、就職活動の時に確実にあらわれる。就職活動時に人事担当者は、確実に履歴書の学歴欄を確認する。就職活動中の学生がどれだけ能力が高く、人格も優れていようとも、就職活動では短時間で人物を評価せざるを得ず、履歴書の学歴欄の情報をもとにして評価するからである。人によっては、人生において「学歴や学校歴は関係ない」という言説に遭遇するだろうが、その際にその発言者の経歴を確認する必要がある。中卒の成功者ならば妥当な言説であるが、高卒者以上の学歴者だった場合は妥当性が低い。ましてや発言者が大卒者だった場合は、単なる嫌みである。産業社会では、義務教育修了後の学歴に沿って就職機会と給与額が決定されるからである。産業社会と大学との接続部分で学歴としてのシグナルは、確実に発揮されているのである。

人によっては、就職期間中にシグナルとしての学歴に押しつぶされる危険性がある。特定のシグナルとしての学歴に対して、社会が抱く期待というプレッシャーが強い場合があるから。逆にシグナルとしての学歴が先行して意図せぬ局面を招くこともある。こうした危険を回避するために自分のシグナルとしての学歴の影響力を正しく認識する必要がある。その手段としては、自分が在学する学校史を学ぶことが挙げられよう。

⑧「投資」

「投資」は、「利益を見込んで事業に資本を出すこと」（『新明解』）であり、似た意味の言葉である投機とは違うものである。その違いについては、しばしば賭博性の程度の違いで説明される。ここでは、「期待値」という言葉を用いて、金銭を投入する際に抱く「期待値」が一より上か、一より下かがポイントとなることを指摘する。「期待値」とは、試行の結果得られる数値の平均値のことであり、ここでは投資額を一に設定して一より上なら金銭が増えたことになり、一より下なら金銭が減ることになる。事例として公営ギャンブルを取り上げる。実は公営ギャンブルでは、控除率なり払戻率が法律で定められている。

控除率とは、公営ギャンブルの主催者への手数料の割合を示している。公営ギャンブルの場合、控除率には税金も含まれている。主催者側は、控除率によって得られた収益からレースの償金と維持管理費を捻出する。払戻率とは、投票券の購入者へ還元される金銭の平均値の割合である。当然ながら、控除率が高ければ還元率は低くなり、控除率が下がれば還元率が高くなる。

各公営ギャンブルの払戻率をみてみよう。競馬は、競馬法で〇・七から〇・八の範囲で設定されている。競輪は〇・七五である。競艇は〇・七五から〇・八の範囲で設定されている。オートレースは〇・七である。サッカーくじであるＴＯＴＯは、〇・五である。宝くじは〇・五以下である。なお、パチンコやパチスロは公営ギャンブルではないが、払戻率は〇・八五から〇・九程度であるといわれている。

いずれにせよ、公営ギャンブルでは、「期待値」が一以上になることは決してない。必ず主催者側がもうかるからこそ国や地方自治体やその他の公的団体が運営するのである。

以上のように投資とは、「期待値」が一以上のものを投資商品として対象にする。それでもリ

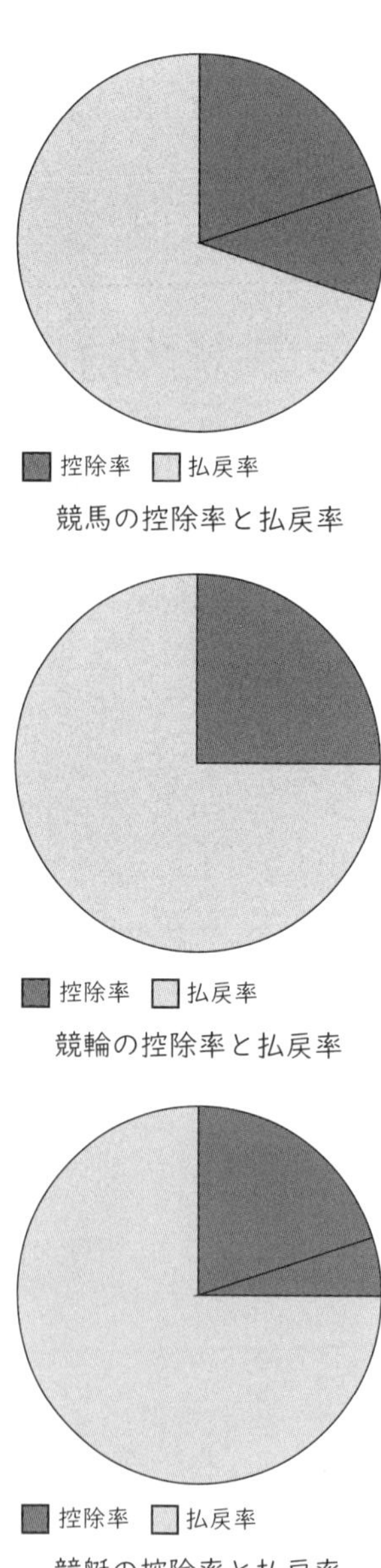

競馬の控除率と払戻率

競輪の控除率と払戻率

競艇の控除率と払戻率

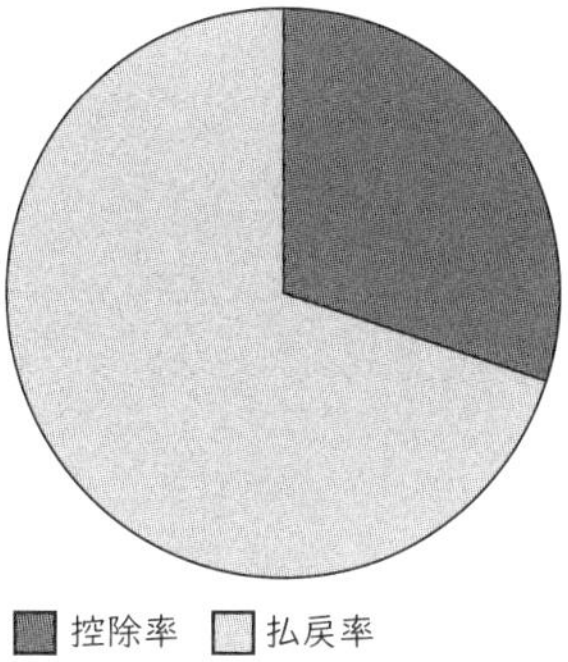

オートレースの控除率と払戻率

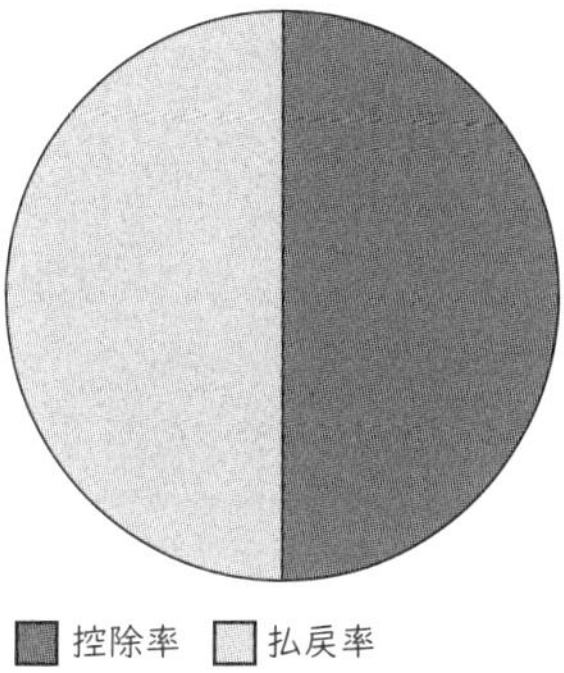

TOTOの控除率と払戻率

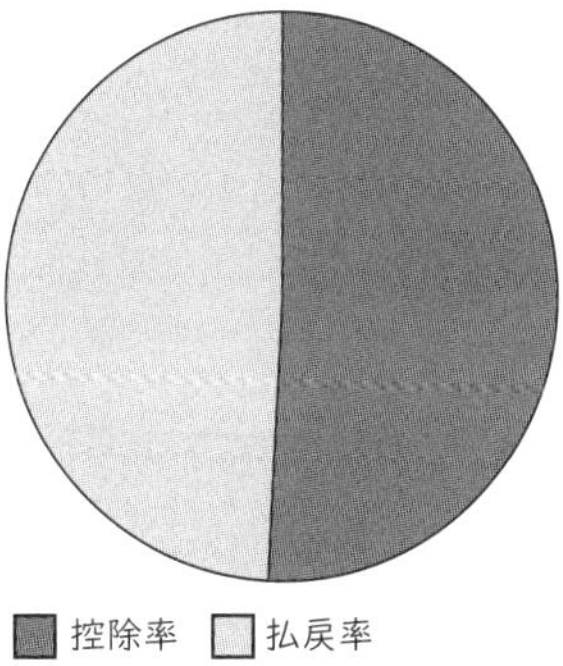

宝くじの控除率と払戻率

スクがあって一を切ることもある。経済学の「人的資本論」は「人間を投資（教育や訓練）によってより大きな収益を生み出す資本とみなす理論」（『経済辞典』有斐閣）である。親が子弟の教育費を出すことを投資として捉えてみる。この場合、大学に進学させるための私教育費支出が該当する。成果としての収益率は、大卒者であることで得られた生涯獲得賃金が高卒者の生涯獲得賃金よりもどれだけ多いかで示される。矢野眞和によると、大卒者と高卒者の生涯獲得格差をもとに収益率を出すと、大体年利六%の差である。[2] 以上のことを子どもに私教育費を支出する保護者の大半は意識していないと考えられるが、意識しない場合でも世代を超えた経験から、子どものために多額の私教育費を支出することが常識のように判断されているのである。

なお、日本学生支援機構の有利子貸与型奨学金である「きぼう21プラン」の原資は、公費であ

2　矢野眞和『教育社会の設計』東京大学出版会、二〇〇一年、四六ページ

る政府貸付金だけではなく、財政投融資資金や民間資金借入金も含まれている。貸与型奨学金の利率上限が法律で三%に固定化されていることを鑑みると、貸与型奨学金に出資している投資機関は、「きぼう21プラン」を期待値が一・〇三の金融商品としてみていることになる。

まとめ

ここまで重要語句の説明を述べた。これらの重要語句をもって、現在の教育費に関する基本枠組を述べると次のようになる。

前近代社会は身分制社会であり、そこでは親の業績が子どもに受け継がれる社会であった。親の業績には蓄積していた富が含まれていたので、当然ながら家庭内の親から子どもへの富の移動があった。近代社会となり身分制社会が否定され、親の業績と切り離された個人として子どもは社会で生きることになり、家庭内の親から子どもへの富の移動が制限された。具体的には、親から子どもへの富の移動を相続税や贈与税といった最大五五%にもなる高率の税金を課すことで、親の財力が子どもに引き継げないようにした。しかしながら、親は子どものために贈与税や相続税で取られる分を、子どもを学校に通わせることで私教育費として学校へ支払っている。子どもは、学校で教員からの助成的介入をもって発達することで、社会を生きていく上で必要な知識と技能を身につけていく。国も親の負担を当然視して制度設計をしたことから、日本の公教育の費用負担は、公教育と私教育費とが混合した形で成立した。[3]

しかしながら、親からの支援が得られない子どもは、自己負担で学校へ通うか、進学を断念し

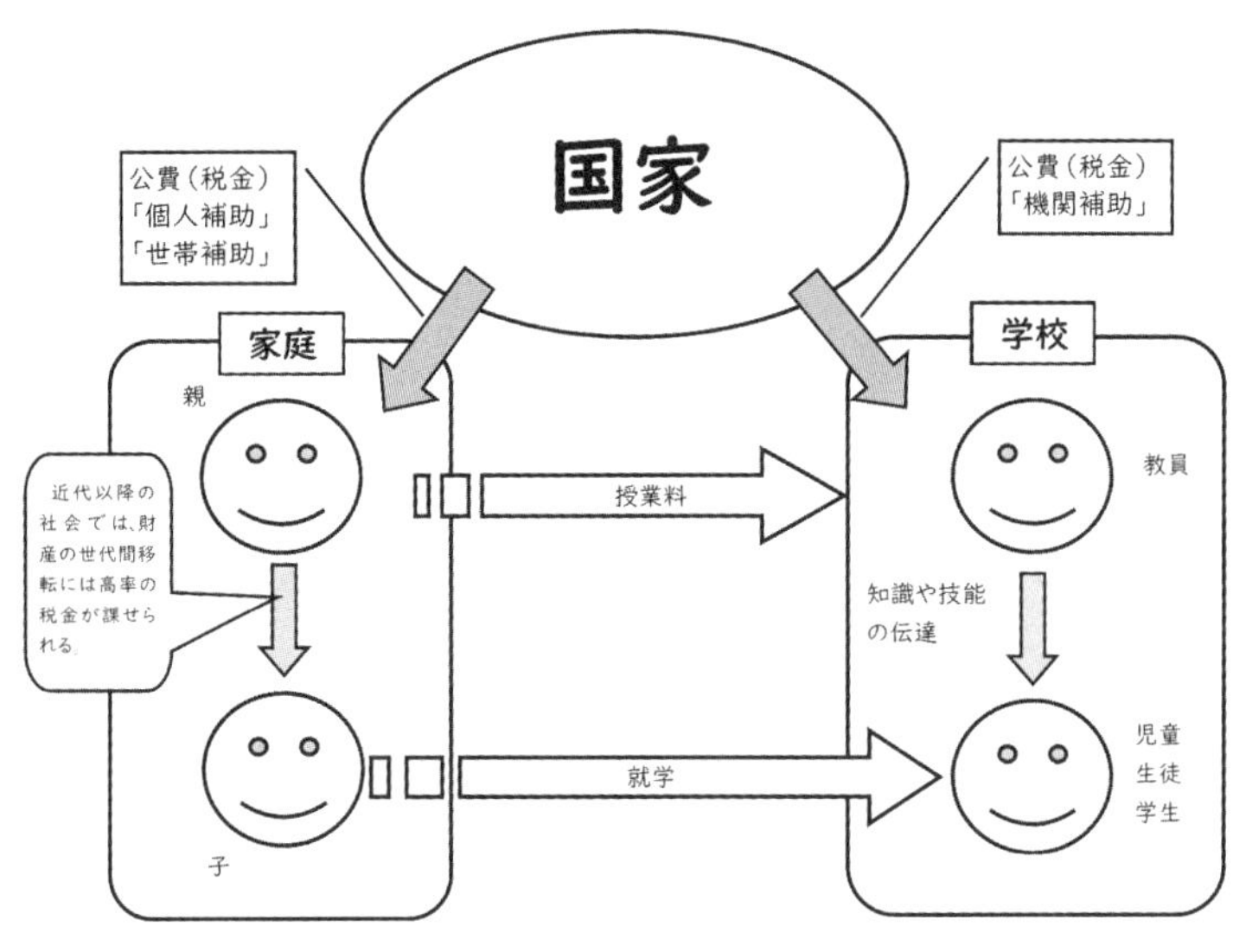

図3　家庭と学校から見た公費の流れ

出典：本文の記述を基に著者作成。

て働くしかなかった。この問題を解消するためにも、後述する高等教育費の漸進的無償化の意義は大きい。

ここで知ってほしいのは、私教育費に頼る割合が多いにせよ、多額の公費が投入されていることである。「個人補助」については、高等学校就学支援金や奨学金制度が該当する。「機関補助」については、国立大生一人当たりの公費投入額は、単純に平均しても一五〇万円程度である。社会から期待を込められているからこそ、多額の公費が投入されている。つまり大卒者が社会で活動し、納税することで富が社会に還元されるからこそ公費投入が支持されているのである。なお、私学助成金として、私立

3　公私混合型の負担構造の法制度や社会的慣習については、末冨芳『教育費の政治経済学』（勁草書房、二〇一〇年）の第3章を参照。

大学に対しても、私立大学生一人当たり年間平均一〇万円程度の公費が投入されている。国立大学に比べて少ないとはいえ、私立大学に進学したとしても公費が投入されているのである。

さて、家庭に話を戻してみる。家庭では、意識の有無にかかわらず、高校卒業後も進学した方が「生涯獲得賃金」が増えるとの見込みがあるから、教育費を捻出する努力をしている。高卒者と大卒者の生涯獲得賃金の差は七〇〇〇万円程度あり、余裕で新築一戸建てが購入できるほどである。これをもとに還元率を計算すると、前述の矢野が指摘するように約六％になる。ただし現状は、非正規雇用者が増大しており、大卒で正規雇用であっても、ある日リストラによって非正規となり年収二〇〇万円になる可能性もあるため、上記の計算通りに必ずしもならなくなっている。非正規雇用の家庭において、子どもの教育費を負担したくてもできない保護者が増えており、今後も増えることが見込まれる。こうした状況下で、民主党政権が「国際人権規約」の高等教育費の漸進的無償化の箇所の保留を撤回したことの意義は大きかった。日本では、日本国憲法第98条第2項により、批准した国際条約を遵守しなければいけないので、中等教育と高等教育の無償化の漸進的導入に向けて国内法が整備されていったのである。とはいえ、公教育費と私教育費とが混合した負担構造自体が変化したわけではない。焦点としては、公教育費の支出割合がどれだけ高まるかということと、私教育費のうち家計負担と自己負担の割合がどのように変化するかということの二点であると考える。

コラム① 一条校

学校教育法第1条に基づく「一条校」は、幼稚園、小学校、中学校、高等学校、大学、高等専門学校、特別支援学校、中等教育学校、義務教育学校の九種類ある。短期大学は大学に含まれる。「中等教育学校」とは、中等教育段階にあたる中学校と高等学校の一貫教育を行う施設一体型の学校である。「義務教育学校」は、小学校と中学校の一貫教育を行う施設一体型の学校である。なお、保育所は厚生労働省管轄の児童福祉施設であり「一条校」ではない。認定こども園は教育基本法に基づいた施設として別枠である。「一条校」であるということは、文部科学省管轄の学校であり、文部科学省が定めた学校設置基準に沿って設置されており、教員免許所持者が学習指導要領に沿って継続的かつ計画的な教育活動を展開していることを指している。さらに、「一条校」で所定の教育課程を履修すれば履歴書の学歴欄に記載することができる。自動車学校や予備校での学びを学歴欄に記載できないのは、これらの学校の多くが「一条校」ではない各種学校だからである。

一般に専門学校と呼ばれている「専修学校」は「一条校」ではないが、一八歳以上の青年の進学機会を確保していることから、「専門士」の学位授与や大学編入を認めたり、学歴欄に記載できたりするなど準「一条校」扱いされている。近年新しく大学に含まれる学校として登場した「専門職大学」は、準「一条校」扱いであった「専修学校」の一部を「一条校」に格上げする形で進展している。

なお、防衛大学校や農業大学校などの大学校は、文部科学省以外の省庁が管轄する学校を指しており、厳密には「一条校」ではないが、履歴書の学歴欄に記載できる。

長らく「一条校」については、国民の多くが共通の教育経験を得られるようになっていた。学校階梯における学校種の違いは、就園率が全国平均六割程度の幼稚園と五年制の工学系技術者養成の高等専門学校以外はそれほど際立つものではなかった。しかしながら、「中等教育学校」と「義務教育学校」の登場で、経験する学校種の違いが出てきた。それによる経験の違いは、「中等教育学校」の場合は、「中学校」と「高等学校」の接続での「高校入試」がないことである。一方の「義務教育学校」の場合は、「小学校」と「中学校」とがカリキュラムも組織も連続していることである。中等教育段階での一貫教育の「中等教育学校」、初等教育と前期中等教育の一貫教育の「義務教育学校」、いずれが設置されるかについては、地域の事情によって異なる。宮崎県では全国初の「中等教育学校」である県立五ヶ瀬中等教育学校がある一方で、美郷町に小中一貫教育の「義務教育学校」が設置されるなど、県内の市町村によって一貫教育に関する施策が異なっている。この学校種の違いが、かつての旧学制時代の「複線型」の学校体系をもたらすのではないかという意見がある。「複線型」とは、いずれかの学校種に進学することで教育経験が全く異なったものになるだけではなく、高等教育機関への進学機会が閉ざされたり、逆に有利になったりするような制度を指す。現時点で各学校種の卒業生の進路実績が出ていない以上、「複線型」と評価するのは時期尚早であり、今後慎重に検証する必要がある。

第2章　無償化政策と奨学金制度の動向

無償化政策は二〇一九年以降、急速に展開した。本章では、無償化政策の前後での就学前教育から高等教育までの変化を時系列で説明する。本書の趣旨から、制度改変に至るまでの審議会や国会での経緯は、他の書籍や論文を参照してもらうこととし、本章では割愛する。

◇無償化政策前からある保障

幼児教育

二〇〇六（平成一八）年に幼稚園と保育所の一元化（以降、「幼保一元化」と略記）を目指すため、「就学前の子どもに関する教育、保育等の総合的な提供の推進に関する法律」、通称「認定子ども園法」が制定され、幼稚園機能と保育所機能を備えた「認定子ども園」が登場した。そして、二〇〇八（平成二〇）年の教育基本法改正後、就学前教育の機関である幼稚園・保育所での営みが「幼児教育」として括（くく）りなおされた。その後、二〇一二（平成二四）年に「認定こども園法」が改正されたことで、認定子ども園の種類が増え、「幼保連携型認定こども園」「幼稚園型認定こども園」「保育所型認定こども園」「地方裁量型認定こども園」の四種類になった。それらの基準は国の基準を参酌して地方自治体が条例で定めることになった。しかも、二〇一〇（平成二二）年に幼稚園のうち私立伝統校等の反発によって、全ての幼稚園と保育所が認定こども園に移行しなくてもよくなった。さらに私立幼稚園への私学助成金も継続されることになり、「幼保一元化」が達成されない状況になった。

二〇一二（平成二四）年に公布され、二〇一五（平成二七）年四月に施行された「子ども・子育て支援法」によって、幼稚園・保育所・認定こども園、その他の児童福祉施設についての制度的位置づけがなされた。もともと、児童福祉施設の保育所では世帯所得別の累進保育料制度がとられており、低所得世帯の乳幼児の利用料は無償であった。一方で、幼稚園では授業料を徴収していた。幼稚園に子どもを就園させている世帯の負担軽減と少子化対策のため、国（三分の一）と市町村（三分の二）から世帯補助として幼稚園就園奨励費補助金が実施されていた。これは、年三〇万八〇〇〇円を限度に支給されていた。第二子からは年一五万四〇〇〇円、第三子以降は年三〇万八〇〇〇円、低所得世帯には年三〇万八〇〇〇円が支給されていた。それとは別に、私立幼稚園には機関補助として私立学校助成金もあった。子ども・子育て支援法施行後に施設型給付を受けない幼稚園には、これらの補助金が継続された。

義務教育段階

義務教育の授業料は無償である。しかし、授業料以外の費用がかかる。無償化政策前から存在する貧困家庭の子どものための社会保障として、生活保護法に基づく「健康で文化的な生活水準を維持する」ための保護として、教育扶助と生業扶助がある。教育扶助は、義務教育段階における学用品費への経済的支援である。義務教育に伴って必要な教科書その他の学用品、通学用品、学校給食等が扶助される。「生活保護法による保護の基準」（厚生労働省告示第５８８号）によれば、二〇二一（令和三）年四月以降、月額基準額（小学校二六〇〇円、中学校は五一〇〇円）の他、教材代は校長や教育委員会が指定するものの購入に必要な額が支給され、その他にも学校給食費、通学のための交通費（最小限度）が支給される。生活保護世帯と生活保護世帯ほど困窮していないが、それに準ずる所得水準にある世帯の児童生徒には、就学援助制度がある。この制度については、第３章で説明する。

義務教育段階では、機関補助として義務教育学校国庫負担金制度があり、公立小中学校の教員の給与を国が三分の一負担することになっている。残りの三分の二は、都道府県の負担である。義務教育費国庫負担金があることで、日本では都市部であろうが過疎地であろうが、教員の給与水準が変わらないことで、日本の学校は一定水準の教育の質を担保できているのである。ちなみに、隣国の中華人民共和国には、こうした制度がない。そのため、農村部の教員と都市部の教員との給与格差が大きく、農村部から都市部へ勤務地を変えることが教員にとってのキャリア・アップのルートの一つとなり、結果的に農村部の教育水準が低くなっている。

後期中等教育段階

生活保護世帯の高校生への補償として生業扶助がある。生業扶助とは、就労に必要な技能の習得等にかかる費用であり、高等学校等に就学するための費用を含むものである。高等学校等就学費として、学用費や教材代、交通費等を補塡するものとして支給される。基本額は月額五三〇〇円であり、教材代や交通費、クラブ活動費を含めた学習支援費は実費となっている。ただし、学習支援費の上限は八万四六〇〇円である。「地方自治体による高校生に対する奨学」に関しては、従来は、国の事業として日本育英会による奨学が行われていたが、二〇〇一（平成一三）年一二月一九日の閣議決定「特殊法人等整理合理化計画について」により、都道府県にその事業が移管された。

二〇一〇（平成二二）年に「公立高等学校に係る授業料の不徴収及び高等学校等の就学支援金の支給に関する法律」が制定され、同年度より、所得にかかわらず公立高等学校の授業料が無償となった。国公立の高等学校の授業料一一万八八〇〇円（月額九九〇〇円）を国が地方自治体に交付することになった。公立高等学校の無償化制度を受けて、授業料以外の費用に対して、高校生に対する給付型奨学金事業も実施され、低所得世帯（年収約二五〇万円未満世帯）に対して、教科書等図書費相当額として一万八三〇〇円が支給され、必要な予算が国から地方自治体に交付された。

二〇一四（平成二六）年に公立高等学校に係る授業料の不徴収及び高等学校等就学支援金の支給に関する法律の一部が改正され、授業料以外の教育費として、生活保護受給世帯で全日制等・通信制に通う高校生のうち、国立・公立高等学校等に在学する者には年額三万二三〇〇円、私立高等学校等に在学する者には年額五万二六〇〇円が支給されることになった。非課税世帯にも、全日制等で第一子にあたる高校生には、国立・公立高等学校等に在学する者に年額一一万一〇〇円、私立高等学校等に在学する者には年額一二万九六〇〇円が支給され、非課税世帯の全日制等に通う第二子以降には、国立・公立高等学校等に在学する者に年額一四万一七〇〇円、私立高等学校等に在学する者に年額一五万円が支給されることになった。

高等教育段階

無償化前の奨学金制度は、国による高等教育段階の学生に対する奨学にあたる、日本育英会時代から続く日本学生支援機構の奨学金が原則貸与型しかなく、無利子奨学金と有利子奨学金の二種類であった。また、入学準備に必要な資金を確保できない者への「入学時特別増額貸与奨学金」があり、入学月に一〇万円から五〇万円を増額できる。ただし、対象者は日本政策金融公庫の「国の教育ローン」を利用できなかった者である。あと、入学時特別増額貸与奨学金だけの貸与はできない。

奨学金の返済方法については、既に二〇一七（平成三〇）年四月から日本学生支援機構の貸与型奨学金である第1種奨学金に「所得連動変換型奨学金制度」が導入された。これは、奨学生（返還者）の所得に応じて返還月額が決まる仕組みであり、マイナンバー登録が前提となる。

日本学生支援機構の奨学金に給付型奨学金が登場したのは、二〇一七（平成二九）年からであり初年次は試験的運用であった。二〇一八（平成三〇）年から本格始動した。しかしながら、申請に際しては、「家計の収入」「学力」「人物」の三つが条件となっており、さらに高等学校の推薦が必要であった。「家計の収入」は、住民税非課税世帯か生活保護世帯であった。「学力」は十分に満足できる高い学習成績を収めていればよく、教科活動以外の部活動やボランティア活動も評価対象であった。ただし、大学進学後に特に優れた学業成績を収める見込みのある生徒が対象であった。高校生活全体の評価だけでなく、大学進学後の伸びしろに当たる部分も評価対象であった。「人物」は、態度や行動が学生にふさわしいことが条件であり、明確な客観的基準ではなかった。この「家計の収入」「学力」「人物」の条件を満たした上で、高等学校の推薦を受けなければいけないが、各高等学校で推薦できる定員が決まっていた。総じて敷居が高かったといえよう。給付額は国公立と私立、自宅生と自宅外生で異なるが、月二万円から四万円と決して多いとは言えなかった。

◇無償化政策後の保障

幼児教育段階

二〇一九（令和元）年一〇月から就学前にあたる幼児教育の無償化が始動した。幼児教育では、〇歳から二歳までの子どもがいる非課税世帯は無償であり、三歳児から五歳児までは幼稚園や保育所や認定こども園で月額二万五七〇〇円までの利用料が無償となった。無償化の対象には、認可外保育施設も含まれており、月額三万七〇〇〇円までの利用料が無償となった。当然ながら保育所等の保育施設の利用は「保育の必要性の認定」を受けた家庭のみである。幼稚園の預かり利用料は、月額一万一三〇〇円までが補助上限であり、こちらも「保育の必要性の認定」を受けた家庭が対象となっている。

中等教育段階

中等教育のうち高等学校にあたる後期中等教育段階で大きな変化があった。二〇二〇（令和二）年四月から年収五九〇万円未満の世帯を対象に私立高等学校が無償となったのである。年収五九〇万円以上の世帯であっても一二万円程度の支援金がある。

しかしながら、公立高等学校の無償化では、所得制限が設けられてしまった。二〇一四（平成二六）年に「高等学校等就学支援金の支給に関する法律」が制定され、年収九一〇万円以上の世帯からは公立高等学校の授業料を徴収することになった。

高等教育段階

二〇一九（令和元）年の国会では、大学等における修学の支援に関する法律が制定された。そして、二〇二〇（令和二）年四月に、高等教育機関での無償化が始動し、授業料免除と給付型奨学金が始動した。これにより、年収三八〇万円未満の家庭が対象となった。対象となる世帯収入の目安については、次ページの「高等教育の修学支援対象世帯の目安」を参照。非課税世帯と社会的養護を必要とする子どもは無償である。非課税世帯は、世帯の家族構成により基準が異なるが、家族四人の場合、年収約二七〇万円が目安となる。非課税世帯ではないが、それに準ずる年

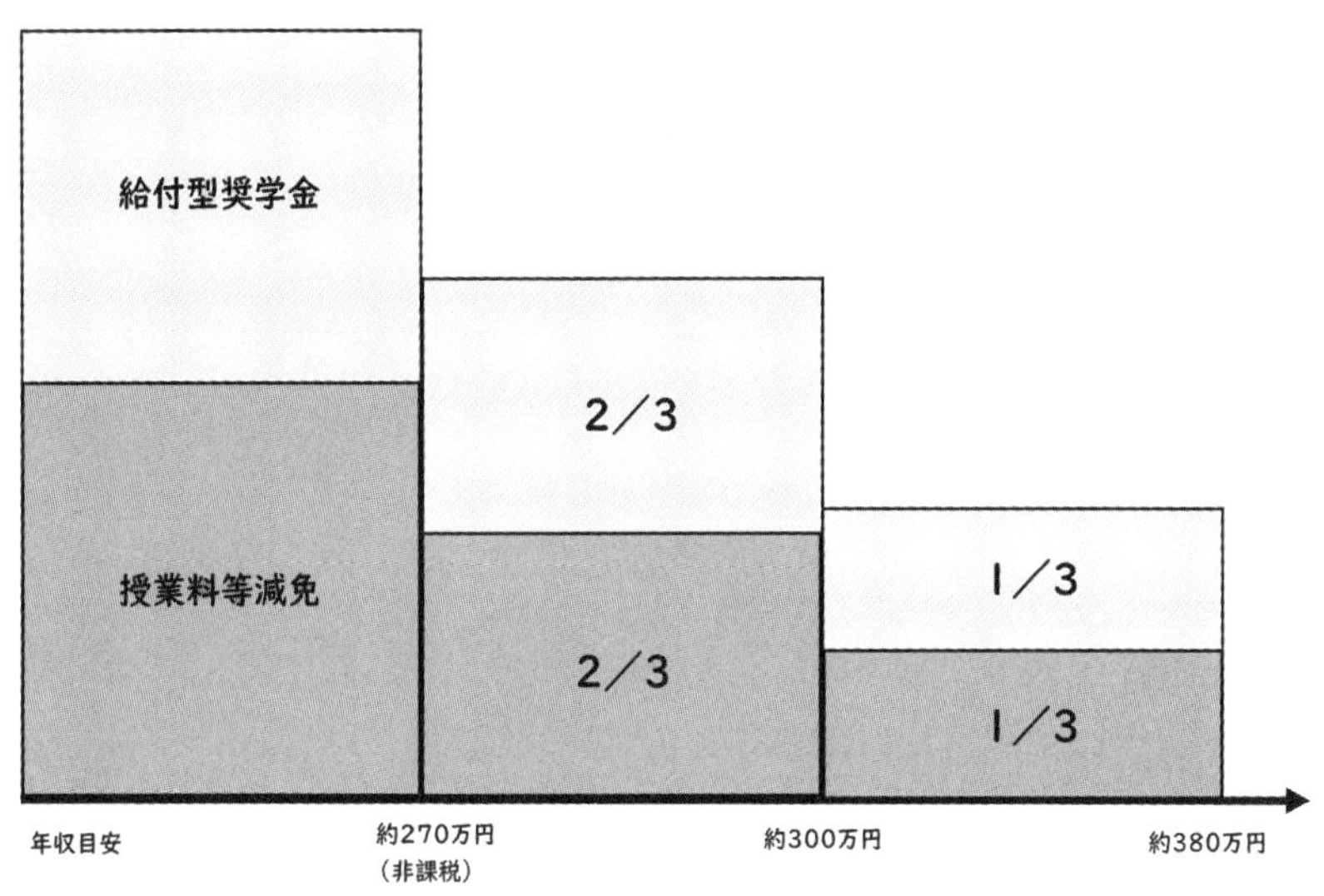

図４　高等教育の修学支援対象世帯の目安

出典：「高等教育の修学支援新制度について」文部科学省より転載。

収二七〇万円から年収三〇〇万円までの世帯は、三分の二が減免となった。年収三〇〇万円から年収三八〇万円までの世帯は、三分の一が減免となった。

上図が示すように、世帯の年収によって、支援額に二つの段差がある。

二〇二〇（令和二）年からは、給付型奨学金申請時の条件が緩和された。今後は世帯所得と学力で判断されることになり、条件としての「人物」と高等学校の推薦はなくなった。しかしながら、奨学金を申請する者が、自己申告しないといけなくなった。授業料免除と給付型奨学金を一体化した制度を実施するための財源として約七六〇〇億円の公費が投入された。ただし、高等教育無償化のための要件が、なぜか大学側に課せられた。大学への機関補助の在り方について、大学側に変化を要求し、要件を満たさないと補助金を支出しない方針が打ち出された。その要件は次の三点である。一つ目は、大学経営陣の外部理事の比率を高める。二つ目は、教授陣における実務経験者の比率を高める。三つ目は、学生定員が八割以上をみたしておく必要がある。この要件は、国立大学にとっては、既に達成しているが、多くの私立大学にとっては厳しいものとなっている。定員を含めた教育情報は、大体夏頃にはＷＥＢサイト等で公開されている。

まとめ

以上のように、就学前教育、後期中等教育、高等教育段階のそれぞれで無償化政策が進んだ。しかしながら、問題点は二つある。第一に、無償の範囲は授業料のみであり、授業料以外の費用が依然必要であることである。第二に、所得制限が設けられたことで富裕層の授業料免除が無くなり、富裕層にとっては負担増となったことである。これらの問題点を考慮してみて、幼児教育から高等教育までの無償化政策を評価すると、「三歩進んで二歩下がった」といえる。さらに、授業料減免希望者や奨学金受給希望者は自己申告の側面も強くなっているので、授業料免除や奨学金を受けようとするならば、事前に制度に関する情報を集約して進学戦略を立てる必要がある。

コラム②　教育職返還免除制度恢復の是非

かつて日本学生支援機構の前身である日本育英会の奨学金には、「一条校」の教員として一定期間勤務すれば、奨学金の返還が免除されるという「教育職返還免除制度」という制度があった。

しかし、その制度は一九九八（平成一〇）年に廃止された。廃止されたのは、一九九五（平成七）年の総務庁行政監察局が行政監察において、「大学院を修了して研究職に従事する者、大学の教育職に従事する者、特殊教育諸学校に就職する教員」以外の返還免除制度の見直しをするように求めたからである。一方で「研究職返還免除制度」は存続した。この廃止過程は、小林雅之編著『教育機会均等への挑戦』[4]で詳細に述べられている。本コラムでは返還免除制度の恢復（かいふく）の是非について述べる。ここであえて「恢復」を使用しているのは、失われたものを元に戻す意味と「天網恢々疎にして漏らさず」での「大きい」や「広い」を示している。なにより、中江兆民の恢復的民権にあやかっている。

特定の職業に就かせるためのインセンティブ（奨励や報奨）の付与として、奨学金の負債を肩代わりするのは、民間企業では、ウエディングサービス業のノバレーゼが、勤

4　小林雅之編著『教育機会均等への挑戦』東信堂、二〇一二年、七二―七八ページ。

続年数が五年と一〇年の正社員が対象で、社員が返済中の奨学金の残余額に対して、五年と一〇年に各最大一〇〇万円（合計最大二〇〇万円）を支給している。めがね小売業のオンデーズでは、独自の社内試験に合格した社員を対象に月々の返済額を給与に上乗せして支給している。牛丼の吉野屋ホールディングスでは、独自の奨学金制度を創設。

二〇一八（平成三〇）年度からスタートしており、年間一〇人を上限として勤務態度や学業成績などを基準に選考し大学の入学金と授業料を支給する。卒業後に吉野屋ホールディングスに入社すると全額免除となり、同業の牛丼屋への入社で半額免除としている。

地方自治体では、地方移住とセットにして、農業や林業等に従事する移住者への住居や準備金の提供がある。奨学金の負債を肩代わりする制度を実施している自治体の情報は、「内閣官房まち・ひと・しごと創生本部事務局奨学金返還支援ポータルサイト」で取得できるので活用しよう。ただし、この肩代わり制度は自治体が指定する業種や企業への就職を主としており、教員は対象外である。

他業種の動向を敢えて述べたのには理由がある。それは、教職志願者が少なくなってきているからである。文部科学省の「令和2年度（令和元年度実施）公立学校教員採用選考試験の実施状況について」では、受験者総数は、一三万八〇四二人で、前年度と比較して一万四二三人減少した。これには、かつての就職氷河期において募集定員の少なさで合格できなく臨時教諭や非常勤講師となっていた人たちが、近年の倍率低下で払底状況となったことも考えられる。だが、やはり最大の理由は、教員の働き方が「ブラック」であるという評価が社会的になされたことで、教職が魅力ある職業ではなくなっているから志願者が減少したと考える。引き続き我が国では、非正規雇用者が増える見込みである以上、能力があっても経済的に困窮している優秀な人材を抽出する役割として教育職返還免除制度が機能すると考える。

さらに、子どもの貧困問題では、対策を練るに際して経験者からの指摘が心強い。貧困そのものを経験していなかった場合、専門家は自力で調査するか資料の読み込み、もしくは観念で対処せざるを得ない。聞き取り調査やデータ資料の読み込みができれば、実態を把握することは可能であるが、情報収集作業すらせずに観念のみで対応とすると意図せぬ悪影響をもたらす危険性がある。

以上のように著者は、教育職返還免除制度の恢復により、貧困家庭出身の教員が増えることで、貧困家庭の児童生徒に適切に配慮できる教員が増えることに期待するのである。

第3章　就学前から就職までにいくらかかるのか？

教育にかかる費用は入学金や授業料といった直接経費だけでない。大学四年間は、進学せずに労働していたら得られたであろう四年分の賃金を放棄したことでもある。この賃金も大学生活を送るための費用である。これを「放棄所得」という。だが、これは大学で教育を受けるための「機会費用」でもある。このように教育費用は、直接経費＋放棄所得の合計としてとらえる必要がある。本来は、義務教育である中学校卒業から計算するべきだが、一九七四（昭和四九）年以降、高等学校進学率が九〇％を超えている現状では、中等教育段階終了にあたる高等学校卒業後から計算するのが一般的である。実際に算出する際には、「放棄所得＝機会費用」である二〇〇万円×四年間＝八〇〇万円となる。教育費の総計は、学校を卒業するまでにかかる授業料やその他の費用を含めた直接経費＋「放棄所得＝機会費用」の合計として捉える。なお、四年制大学進学の場合は四年間となり、短大や二年生の専修学校（専門学校の専門課程）は二年間である。浪人や留年した場合は、その年数を加算しなければいけない。

さらに、現在の無償化政策の「無償化」の範囲は、授業料である。教科書は、特別措置法により義務教育費段階では無償である。しかし、給食費と修学旅行費は別であるし、学びに必要な文房具は私費である。以下では、教育段階ごとに必要な費目を挙げていくことにする。

就学前教育

幼児教育の無償化により、保育料は無償化されたが、制服代や給食費やおやつ代、さらに絵本代が徴収される。宮崎県宮崎市の幼稚園では、制服や体操服で三万円程度必要であり、給食費や絵本の費用にバス等の送迎費を含めて毎月八千円程度を徴収される。幼稚園の場合、保育の必要がない家庭の預け保育には預け保育料がとられるが、その保育料の設定は一日当たり五〇〇円から一〇〇〇円程度と幼稚園で異なる。加えて幼稚園は行事ごとに別途費用を集めるのが一般的である。事例を挙げれば、秋の芋掘り遠足代の場合、バス代で一〇〇〇円程度、芋代で三〇〇円程度かかる。その他、施設維持費として入園時に三万円程度、卒園アルバムは一万円程度かかる。保育所や認定こども園の場合も給食費やおやつ代、行事費が必要となる。なお、認可外保育所の場合、月額四万二〇〇〇円の基準値を超えての保育にかかる費用は補助の対象外とされる。

初等教育段階（小学校）

日本の国公立小学校では、授業料と教科書が無償となっている。正式名称は義務教育教科書無償給与制度といい、昭和三〇年代に高知県高知市の主婦たちの社会運動を契機として一九六三（昭和三八）年に「義務教育諸学校の教科用図書の無償措置に関する法律」が制定されたことで始動した。教科書無償のために毎年四〇〇億円程度の公費が投入されている。現在の教科書の電子化を進めることで経費を削減しようとする動きがあるが、教科書の電子化が向いている科目と向いていない科目を検証する作業が求められよう。以上が無償の範囲であるので、その他の諸経費は自己負担となる。国公立問わず必要となるものを列挙したものが、次ページの表「就学に必要な費目一覧表」である。

修学旅行費が二万円程度、給食費（弁当代）は有償であり、これが六年間必要である。市町村の判断で補助金を出して給食費を無償化するところもでてきたので、現時点では、居住する市町村によって必要な費用額が異なる。宮崎市の二〇一六年度公立学校給食費は年四万四二三七円であった。

体操服代は、上下一セット五〇〇〇円程度で、消耗度が激しいので二セットは必要であり、さらに子どもの成長に伴って追加される。遠足代は年一五〇〇円程度である。靴・鞄は、学校が指定することがある。下履きの靴が三〇〇〇円、上履きの靴が一〇〇〇円から二〇〇〇円、靴は子どもの成長により最低年一回は購入が必要である。ランドセルは、近年祖父母が購入することが多い上に高騰化しており二万から二〇万円以上の品まで幅広い。祖父母に頼れない家庭との差が歴然と現れる費目である。

文房具費のうち、筆記具、ノート、下敷きは、単価は一〇〇円程度と低いが消耗品であるので、在学期間中に頻繁に補充が必要である。補助教材（算数セット、ドリルや問題集）は、学校教育法施行規則では、教育委員会へ報告することになっており、家庭への負担が過度にならないよう配慮されている。初年次は一万円程度必要である。

災害共済掛金は、義務教育段階で年五〇〇円弱の設定である。卒業アルバム代は一万円程度す

表４　就学に必要な費目一覧表

修学旅行費	【団体会計】
給食費	PTA会費（市町村や校区の慣例で異なる）
制服代	学校後援会
体操服代	【学校外活動費】
遠足代	塾・予備校・家庭教師
靴・鞄	通信教育費
文房具費　筆記具、ノート、下敷き	入試対策として必要な習い事
補助教材（算数セット、ドリルや問題集）	教養としての習い事
卒業アルバム代	父兄のイベント
災害共済掛金	

出典：本文記述を基に著者が作成。

る。団体会計として、PTA会費や学校後援会費が必要である。これらは、市町村や校区の慣例で会費額が異なる。

学校外活動費は、追加家計負担にあたる費目である。塾・予備校・家庭教師、通信教育費、入試対策として必要な習い事、教養としての習い事、父兄のイベントが該当する。塾や予備校は月二万円程度、家庭教師は四万円以上する。通信教育費は、教育産業の商品であり月三〇〇〇円程度である。これら各家庭での追加費用にあたる。

国立大学教育学部附属の小学校では、公立学校よりも用意するものが多い。宮崎大学教育学部附属小学校では、制服代が冬服で一セット二万円程度、夏服で一セット一万円程度かかる。さらに学校指定の活動着として八〇〇〇円が必要である。制服代は、一セット購入したとしても子どもの成長に伴って仕立て直しが必要な場合がある。大体三年生あたりで仕立て直し代が追加される。仕立て直しでも間に合わない場合は、追加購入となる。その他の諸経費として月七〇〇〇円程度徴収される。内訳は、ＰＴＡ会費五五〇円、後援会費一九五〇円、同窓会入会積立金二〇〇〇円、給食費四三〇〇円である。入学時に納める学校後援会費は入会金三万円である。加えて文房具は、学校が指定した品を学校内の購買店で購入しなければいけない。なお、文房具の指定は、公立学校でも事実上行っている地域があり、神戸の公立学校の小学生は慣習として「神戸ノート」を使用しなければならないことになっている。

私立小学校では、月三万円から五万円程度の授業料が徴収される。公立学校とは異なり、施設・設備費、さらには寄付金が必要であるが、私立学校を運営する学校法人によって設定が異なる。寄付金については、各家庭の経済力に応じて納付額が異なる。あと、公立学校とは異なり地域社会の支援を当てにできない分、私立学校では後援会や同窓会費が高額化する傾向にある。

前期中等教育段階（中学校）

中学校から制服代と部活動費（備品代・遠征費用）がかかる。さらに校区が広くなるので、生徒によって交通費が発生することになる。制服代が冬服で一セット二万五〇〇〇円程度、夏服で一セット一万円程度かかる。中学生の場合、活動が活発化するのと身体的成長が著しいので、在学中に追加が必要となるので、それぞれ二セットは必要な計算となる。夏服のシャツが三枚以上必要な場合もある。部活動は、所属する部活によって費用が異なる。道具代やユニフォーム代、遠征費用なども加えると年三万円から五万円程度かかる場合がある。中学校の体育では、武道が必修化されているので、柔道着として七五〇〇円程度、剣道の場合は五万五〇〇〇円程度必要である。交通費は、生徒の居住地と学校との距離によって異なる。

学校外活動費は、高校入試のために塾・予備校・家庭教師、通信教育費、入試対策として必要な習い事の費用が上がる傾向である。塾や予備校は月三万円から五万円、家庭教師は四万円以上する。通信教育費は、教育産業の商品であり月五〇〇〇円程度である。

私立の場合、中学・高校共に入学金が二〇万円から四〇万円、授業料は月に四万円から五万円である。中高一貫教育の私立学校であれば、高校入試が事実上なく、追加の学外活動費がそれほど増えない場合が多い。その他の費目は、初等教育段階と同様である。交通費は、通学区域がないため、生徒の居住地と学校との距離によっては高額となる。

ここで注目しておくべきことは、前期中等教育段階と後期中等教育段階の接続部分にあたる、高校入試の在り方については、公立高等学校と私立高等学校との構成による進路の違いが都道府県単位で異なるということである。そのため、どのような構成であるかで、費用総額も異なるものになる。構成タイプは大きく三タイプある。タイプⅠは、公立学校が学力中位以上の位置を占めている。私立学校は公立学校の併願先となる。宮崎県と青森県が該当する。タイプⅡは、私立学校が学力中位と学力上位を占めている。高知県が該当する。タイプⅢは、私立学校が学力上位と下位の位置を占めており、公立学校は成績中位を占めている。公立学校の併願先となる私立学校もある一方で、私立専願でなければ入学できない私立の学力上位校もある。該当するのは、東京都、大阪府、兵庫県、福岡県である。

右記の三つのタイプは、当該都道府県での社会過程によって成立したのであるが、その説明は本書の趣旨からズレるため詳細な説明は割愛する。興味がある方は、私の著作物を読んでいただきたい。

生徒の成績の高低と経済状況とは関連しており、貧困家庭の子どもは成績中下位になる傾向がある。タイプⅠとタイプⅢの場合、成績中下位者を受け入れる高等学校が私立学校しかないので、高い授業料を支払う必要がある。かつて福岡県で起きた学資保険訴訟は、こうした事情を背景としていた。私立高等学校無償化政策は、そうした家庭の生徒に恩恵をもたらすことができる。しかしそれは、タイプⅠとタイプⅢの場合であり、タイプⅡの場合は効果が薄いことが指摘できる。全国一律に私立高等学校無償化を実施したことの評価は、今後検証されるべき項目である。

後期中等教育段階（高等学校）

公立学校無償化政策により授業料は徴収されない。しかしながら、所得制限がかかり年収九一〇万円以上の世帯からは月九九〇〇円を徴収することになった。教科書代（高等学校と大学）は二万五〇〇〇円から三万円であり、普通科よりも専門学科の方が高い。災害共済掛金は、高等学校で年一五〇〇円弱の設定である。同窓会費や生徒会費は、学校によって異なるが、前期中等教育段階より高額化する。現在、日本全国の公立高等学校の通学区域が広域化する傾向にあり、生徒の居住地と学校との距離が広くなっているので、交通費が高額化している。それだけでなく、自宅からの通学可能距離に高等学校がないため、高校段階で寮や下宿生活する高校生が増えている。自宅外通学者については、今後の動向を追跡して、高校生への負担を考慮する必要がある。

二〇二〇（令和二）年四月からは私立高等学校でも、授業料の無償化が実施されている。ただし、年収が五九〇万円未満の家庭に限られる。とはいえ、無償化の範囲は授業料のみなので、私立小学校や私立中学校同様に施設・設備費、さらには寄付金が必要である。私立高等学校で部活動を重点化している学校では、部活動費が公立学校より割増しとなり、月五万円以上かかる場合がある。

国公立私立問わず、高等学校での学校外活動費は、大学入試のために塾・予備校・家庭教師、通信教育費、入試対策として必要な習い事の費用が上がる傾向がある。塾・予備校は月三万円から五万円、家庭教師は五万円以上、通信教育は一科目あたり月六〇〇〇円以上する。最も、全く教育産業を利用せずに大学に合格できる者もいるので、学校外活動費の総額は生徒によって多様である。

二〇二〇（令和二）年に国立大学の共通テストに民間英語試験を導入するのが断念された。もし実施していたらＴＯＥＩＣが一回八〇〇〇円程度の受験料であり、英検が一回一万円程度の受験料を加算されるところであった。しかも会場が都市部に偏るので、中山間地区や離島地区の高校生は移動費と宿泊費が加えられることになり、かなりの負担になる危険があった。導入断念を決めた有識者会議の委員たちの英断を称えたい。その他、入試に必要な習い事も増額する傾向に

5　湯田拓史『都市の学校設置過程の研究』（同時代社、二〇一〇年）と高知県の公立私立の構成の成り立ちは『創立百年史　土佐中学校・土佐高等学校』（土佐中学校・土佐高等学校、二〇二一年）を参照。

表５　宮崎県立高等学校一般入学者選抜学科別募集定員

全日制　　（人）

普通科	2880	職業系の学科	
フロンティア 探求・理想等の学科	800		
	3680		3720

出典：宮崎県「令和４年度宮崎県立高等学校一般入学者選抜募集定員及び検査内容」から算出。

ある。著者は、過去に某私立大学の特別入試に乗馬の業績を持って臨むため、自分専用の馬を一五〇万円で購入して、さらに毎月の飼葉代を一〇万円以上支払った学生を知っているが、これはレアケースであろう。大学入試では、国公私立ともに受験料が一校あたり三万円程度かかる。受験校が遠距離にある場合は、交通費と宿泊費が追加される。事前にオープンキャンパスで見学する場合は、その交通費は自己負担となる。

後期中等教育は、義務教育として普通教育のみを学ぶ初等教育や前期中等教育とは異なり、専門教育を学ぶことができるので、普通科と職業系の専門教育の学科のいずれに進学するかによって、必要な教育費の総額が異なる。高等学校の学科比率は都道府県で異なっており、全国平均が七：三の比率である。一方で、表「宮崎県立高等学校一般入学者選抜学科別募集定員」が示すように、宮崎県の県立高等学校全日制での比率は一：一であり、職業系の専門教育の学科の割合が高い。

定時制の募集定員も普通科二〇〇人、職業系の専門教育の学科二四〇人である。宮崎県の高校では、高校新卒者として県外にある製造業の企業に就職できる経路が確保されていることから、高校新卒者の進路保障の面では意義のあることである。しかしながら、本書第1章で述べたように、今後四年制大学進学率が高い水準で維持されることを鑑みると、宮崎県における高等学校の学科比率を継続させるか否かが今後の焦点となろう。

高等教育段階

二〇〇四（平成一六）年に国立大学は法人化されて国立大学行政法人になり、各大学で違いが出てきたが、平均して入学金二八万二〇〇〇円、授業料は年間五三万五八〇〇円である。国立大学の授業料の特徴は、どの学部であろうが一律であることである。とはいえ、授業料免除であっても、その他の費用がかかる。実験や実習が中心の学部では、その分別途その費用が追加される。教科書についても、学部によっては高価なテキストを用いる。年三万円以上は確実に必要である。さらに多くの場合、自宅生であっても交通費もかかる。

一方で私立大学は、学部によって授業料が文系学部と理系学部、さらに医歯系学部で全く異なる。

次ページの表「学系別授業料・入学金一覧表」は、総務省が毎年だしている統計資料である「小売物価統計調査年報」から算出した。「調査品目及び基本銘柄」が該当のものであり、かつ全国平均値であるので、あくまで目安としてみていただきたい。四年制の私立大学の法文経系は七二万九八一〇円であり、理工系は一〇五万六九九五円であるように、理工系学部の方が、授業料が高い。ここに実験や実習費用が加算される。この資料には、調査対象の銘柄として挙げられ

表６　学系別授業料・入学金一覧表

４年制大学	法文経系	授業料	729,810
		入学金	222,464
	理工系	授業料	1,056,995
		入学金	237,405
短期大学	法文経系	授業料	655,086
		入学金	230,764
	家政系	授業料	661,116
		入学金	230,105
専修学校		授業料	493,954
		入学金	202,198

出典：「小売物価統計調査年報」総務省統計局（2020年）

ていないが、私立の医歯系大学は、入学金一五〇万円、授業料三〇〇万円から四〇〇万円（年額）であり、これが六年間分必要である。

専門学校は、正確には「専修学校専門課程」のことである。専修学校には高等課程もあり、こちらは中学校卒業者を対象としており高校入試浪人や高校中退者の受け皿となっている。以降、通称の「専門学校」と記す。前述の表では、法文系も家政系も年六〇万円台の授業料であるが、実は専門学校は専門分野によって授業料がかなり異なる。表の数値はあくまで平均値である。授業料の他に実習費や施設費などの追加費用も多く、私立大学や私立短期大学よりも費用が高くなりがちである。なお、専門学校は、これまでは準「一条校」扱いであったが、二〇二〇（令和二）年四月から「一条校」の「大学」のカテゴリーに「専門職大学」が登場したことで、一部の専門学校が「専門職大学」へ移行した。こちらも私立大学並みの授業料を要する。

大学卒業までにかかる費用総額については、次の六つのケースが考えられる。

ケース１　オール国公立
ケース２　大学だけ私立学校

ケース３　小学校だけ公立学校であり、以降は私立学校
ケース４　高等学校と大学が私立学校
ケース５　高等学校だけ私立学校
ケース６　小学校から大学まで全て私立学校

ケース１の「オール国公立」が、この六つのケースにおいて最も少ない費用で済む。「放棄所得＝機会費用」を加算しても、一〇〇〇万円台前半ですむと考える。ケース２の「大学だけ私立学校」は、私立大学就学人口を鑑みると、最も多数の人が該当するケースである。ケース１よりも三〇〇万円程度多くなる計算になる。ケース３の「小学校だけ公立学校であり、以降は私立学校」は、私立の中高一貫教育校へ進学した場合に経験しやすいケースである。私立中学校は授業料が徴収されるのでケース２よりもおよそ二〇〇万円程度高くなるが、私立高等学校では所得によっては授業料無償であり、無償対象でなければ、さらに二五〇万円程度追加になる。ケース４は、高校受験で私立学校を併願した場合か私立中高一貫教育校に高校から編入した場合の二種類がある。ケース３よりは総額が少ない。なお、私立中学校から公立高等学校への事例もあるが少数である。ケース５の高等学校のみ私立学校は、一定収入以下の場合、授業料が無償なので、それほど費用はかからない。ケース６の「全て私立学校」は、公立学校を全く経験しないケースであり、私立小学校の学校数が少数であることを鑑みると経験者の絶対数が少ないことが指摘できる。とはいえ、幼稚園から大学院まで設置している玉川学園のような事例もあることから、少数ながらも該当者はいる。私立小学校と私立中学校は授業料が徴収されるのでケース３よりも

三〇〇万円程度追加となる。

さらにいえば、ケース1を除いて、高等教育段階で私立大学の法文経系か理工系かで違いが生じる。理工系だと一二〇万円から二〇〇万円程度加算される。さらに学部別にみると、私立大学の医歯系学部進学のケースが、二〇〇〇万円以上追加となり、最も費用を要するものとなる。

授業料の特徴

入学金と授業料は、予め定められた納付日に現金で一括して納めなければならないのが特徴である。住宅や自動車購入のような月賦割りを想定していない。したがって、学校間の接続段階でまとまった現金を用意しておかなければならない。このような特徴であるので、学資保険や教育ローンという商品が登場する余地がある。

コロナ感染症対策下での追加項目

二〇二〇（令和二）年以降のコロナ感染症対策で、大学の授業はリモート授業が導入された。ＩＣＴ教育の推進で学校にパソコンやタブレットが導入されているが、それは初等教育と中等教育の話であり、実は高等教育機関では、パソコンやタブレットは自己負担のところが多数である。そのため、どの大学も学生のメディア環境はまちまちである。この一年半の間に複数の大学で講義をしたが、私のリモート授業では、パソコンを購入できずスマートフォンで視聴し、そのままスマートフォンでの入力でレポートも作成した学生がいた。

一方で、ハイスペックパソコンと高速インターネット回線完備で快適に受講する学生もいた。国立大学の場合、教員一人あたりの学生数が少ないので、研究室所属の学生にはパソコン貸与が可能であるが、収容定員の多い私立大学では不可能である。したがって、大学では自分専用のノートパソコンを購入する必要があり、ストレスなくリモート授業を受けるに必要なグラフィックボード搭載のノートパソコン一五万円程度を加算しなければならない。大学によっては、集団購入して割引されたパソコンを必携化させているところもあるが、パソコンを文房具とみなして自己負担させている大学では、学生は大きな負担を強いられているのである。

コラム③　複利計算

有利子貸与型奨学金は、本文で述べたように金融商品である。金融商品を運用する場合、利息の計算方法は、単利計算と複利計算の二種類がある。単利計算は、元本にかかる利息が元金に組み込まれない方法である。一方の複利計算は、利息を元本に組み込む方法である。当然ながら、貸与期間が長期にわたるほど返済総額は多くなる。複利計算の数式は次の通り。

元本 ×（1＋年利率）^n（n＝運用年数）

例えば、一〇〇万円を年利一〇％で借りたら、複利周期一年として、五年で一六一万五一〇円、一〇年で二五九万三七四二円となる。実際は、元本も含めて返済するから、ここまで負債総額が大きくなることはないが、返済が滞れば滞るほど負債総額が膨らむことがわかる。複利計算での返済総額の目安を測る簡易な計算式として、七二÷年利＝二倍になる年数、という計算式がある。これだと年利九％だとわずか八年で二倍になることがわかる。日本学生支援機構の「きぼう21プラン」の貸付利率の上限である年利三％では、二倍になるのが二四年かかるということになる。「街金」とよばれる無担保ローンの貸付利率がかつて一八％程度だったということは、わずか四年間で二倍の返済総額になっていたのである。漫画『闇金ウシジマくん』では「トゴ」という一〇日で五割の金利がついているが、これは異常である。アメリカ合衆国では、ブッシュ・ジュニア政権期に学生向け政府保証民間教育ローンの貸付年利が八％以上と高率であり、さらに過酷な返還の取り立てゆえに、学生たちの不満が高まり暴動にまで発展した。その後、オバマ政権期に政府保障民間教育ローンが廃止され、給付型奨学金制度が拡大されたことで、学生たちの教育を受ける権利が保障された。日本学生支援機構の「きぼう21プラン」の貸付利率に三％の上限があるというのは、国以外の出資者である個人投資家や投資機関にとって魅力のない金融商品に該当する。だが、「きぼう21プラン」をはじめとする、学生向け「教育ローン」が生み出す利子とは、学生たちの将来性から生み出されているものであり、いわば学生たちの夢と希望が昇華したものである。「投資の本質は成長である」という言葉が示すように、高い貸付年利を設定して、さらに容赦ない取り立てをして、学生の夢と希望を喰い尽くすのではなく、学生の成長を保障する金融商品として学生向け「教育ローン」を位置づける必要がある。今後の規制緩和で「きぼう21プラン」の貸付利率の上限が撤廃とならないよう、貸付利率の上限三％設定は国民全体で合意し、固定化するか可能な限り低率に設定しておくべきであると考える。

第4章　関連団体との連携

連携しておいた方がよい団体は複数ある。本章では、日本学生支援機構、市町村教育行政および学校事務、児童養護施設、ＮＰＯ法人について説明を述べる。

教職員から独立行政法人日本学生支援機構に連絡することは、レアケースである。だが、奨学金事業に関する情報が集約されているので、申請をしようとする生徒には、必ず事前に日本学生支援機構のＷＥＢサイトを確認させるようにしなければいけないし、教職員として事前に奨学金事業に関する情報を確認しておく必要がある。そもそも日本学生支援機構自体は、二〇〇四（平成一六）年に日本育英会と財団法人日本国際教育協会と財団法人内外学生センターなどが統合して登場した。ちなみに、内外学生センターとは、かつて学生にアルバイトを斡旋していた組織であり、前身組織は財団法人学徒援護会である。日本学生支援機構の機能としては、奨学金業務の他に、留学生支援や学生支援がある。奨学金業務については、ＷＥＢサイトで「スカラネット・パーソナル（スカラネットＰＳ）」を開設している。「スカラネット・パーソナル」から、転居・改姓・勤務先変更等の届出、繰上返還の申込、在学猶予願・在学猶予期間短縮願の提出、各種証明書の発行依頼、奨学生の奨学金情報の閲覧・確認、奨学金減額返還願・奨学金返還期限猶予願の作成・印刷ができる。さらに、ＷＥＢサイトには「給付奨学金シミュレーター」があり、これから給付型奨学金を利用しようとする生徒向けに該当するか否かがシミュレーションできる。また、「進学資金シミュレーター」もあり、進学に要する費用計算もシミュレーションできる。その他にも、日本学生支援機構のＷＥＢサイトには、奨学金に関するＱ＆Ａもあり、対象別に詳細に説明してくれる。また、チャットでの相談もしているので活用してみよう。いつでも誰でも利用できる。奨学金申請希望者だけでなく学校の教職員も、これらのシミュレーターを必ず一度は試しておけば、現行の制度でどれだけの費用が必要で、どれだけの奨学金を借りられるのかを確認できる。日本学生支援機構には、全国の地方自治体による奨学金の情報がデータベース化している。条件を入力すれば、必要な情報が提供される。

教職員として生活困窮の児童生徒に出会った場合、相談内容によっては、学校事務を通じて市町村教育行政の就学援助担当部署へのつなぎが必要となる。日本では、学校教育法第19条「経済的理由によって、就学困難と認められる学齢児童又は学齢生徒の保護者に対しては、市町村は、必要な援助を与えられなければならない」と規定されており、具体的には、困窮している児童生徒の保護者に対して就学援助金を支給している。その具体的な額は、市町村で異なるが宮崎市では次ページの表のようになっている。

保護者のなかには、教育行政の窓口を知らない人がいるどころか、就学援助金の情報を全く知らない人もいる。就学援助金のお知らせの配布と申請は、学校を通じておこなわれることが多いので、教員は学校事務員と連携しながら保護者に話を進めていく必要がある。

表7　宮崎市の就学援助金支給額一覧表

援助費目	支給限度額（円）		備　　考
	小学校	中学校	
学用品費	11,630	22,730	
通学用品費	2,270	2,270	新1年生を除く
新入学用品費	51,060	60,000	
宿泊を伴わない校外活動費	1,600	2,310	4月認定の新1年生のみ対象
宿泊を伴う校外活動費	3,690	6,210	
修学旅行費	22,690	60,910	
学校給食費	原則として実費を支給		
体育実技用具費	—	柔道7,650 剣道52,900	柔道・剣道用具費
通学費	40,020	80,880	公共交通機関を利用している遠距離通学者のみ対象
医療費	健康保険診療の自己負担分（3割） 医療券を交付		対象疾病：結膜炎（アレルギー性は対象外）、トラコーマ、白癬、疥癬、膿痂疹、中耳炎、慢性副鼻腔炎、アデノイド、むし歯、寄生虫病

出典：宮崎市のWEBサイトより。（2020〈令和2〉年度）

児童養護施設関係者

教育行政だけではなく、児童福祉施設などの福祉行政との連携が重要である。児童養護施設とは、児童福祉法第41条で「児童養護施設は、保護者のない児童（乳児を除く。ただし、安定した生活環境の確保その他の理由により特に必要のある場合には、乳児を含む。以下この条において同じ。）、虐待されている児童その他環境上養護を要する児童を入所させて、これを養護し、あわせて退所した者に対する相談その他の自立のための援助を行うことを目的とする施設とする」と示している。社会的養護のうち、施設養護になる。かつては孤児院とよばれことがあったが、現在は在籍者の多くの子どもが孤児ではない。勤務校に児童養護施設の子どもが在籍している場合、児童養護施設の職員が、学校外での児童生徒への養護の担い手である。児童養護施設の職員は、児童指導員と保育士で構成されている。児童指導員として働くためには児童指導員の任用資格が必要であり、この資格は、福祉系の大学・短大・専門学校で必要単位を修得すれば取得できる他、心理学や社会学系の専攻でも指定科目が開講されていれば取得可能。また、教員免許や保育士の資格があれば児童指導員としての仕事に就くことができる。学校の教員にとって児童養護施設の職員は、有力な連携先である。とくに無償化政策以降、児童養護施設の子どもたちは、授業免除と給付型奨学金の対象者であるので、申請の際には必ず連携しなければいけない。

ＮＰＯ法人

今後、行政団体以外に重要になる連携団体としてNPO法人が挙げられる。ここでは、NPO法人としてSwing-Byとキッズドアの二団体を取り上げる。

NPO法人Swing-By（以降、「Swing-By」と略記）とは、コンセプトとして「子どもたちのために、地道な努力をするだけでなく、新たな出会いや変化を愉しみながら、努力のプロセスを工夫します」を掲げ、子どもたちを取り巻く問題に対して、様々なアプローチを試みることを特徴としている。まず、組織の誕生のきっかけは二〇一四年、宮崎日日新聞社が一年間を通して連載した『だれも知らない――みやざき子どもの貧困』（宮崎日日新聞社出版）の提言であった。そ

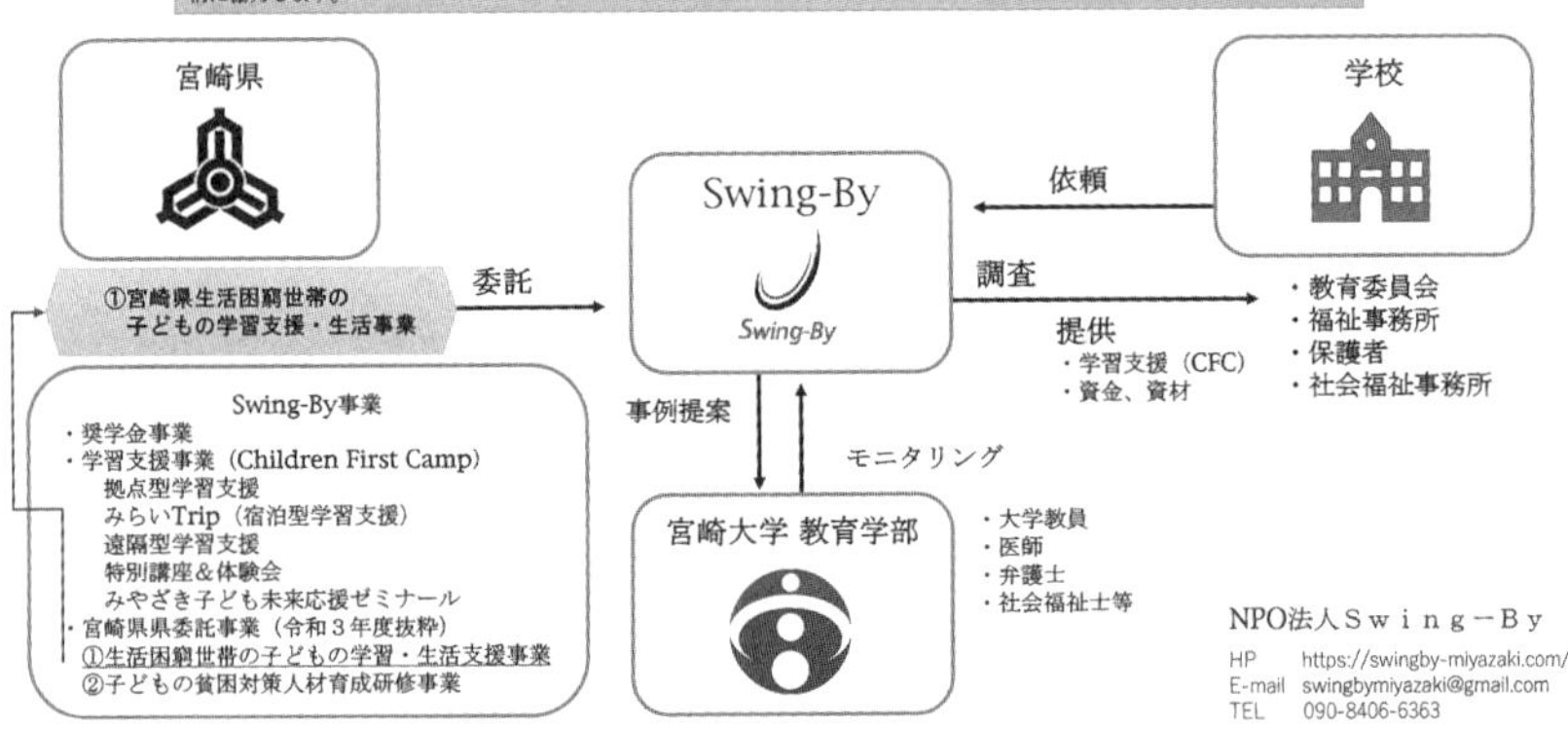

図　令和３年度の連携

出典：NPO法人Swing-ByのWEBサイトから転載。

の後、四つのプロジェクトに取り組み、どれも他団体との協働によるところも特徴である。四つのプロジェクトをみていく。

一つ目の「みやざき子ども未来奨学金関連プロジェクト」は、児童養護施設の子どもや里親に委託されている子どものうち、大学等への進学を希望している子を対象として、中学校段階で給付型奨学金を予約して、大学在学期間である四年間に毎月最大五万円を支給するプロジェクトである。Swing-Byは運営主体である宮崎県の子供の貧困に関する連携推進協議会（宮崎県、宮崎大学教育学部、宮崎日日新聞社、宮崎県児童福祉施設協議会、Swing-By）の委託を受けて、奨学金の資金調達と奨学生の募集・決定と在学中のアフターフォローを担っている。この奨学金は寄付金を集めてきて給付するだけではなく、しっかりと受給者の進路について一緒に考えながら進んでいくことにしている。「支援される子ども」が「支援するおとな」になるしくみを構築し、すでに一名が社会人として自立している。

二つ目の「『貧困の連鎖』を断ち切る子ども未来応援プロジェクト」は、地域にあわせた支援の輪を充実させ、生活困窮世帯の子どもたちに対する学習・生活支援を構築している。また、特別な困難を抱える子どもと保護者に対応しながら、学校や地域における支援体制も構築していけるよう、ケース会議の開催及び有識者によるモニタリング会議を設定し、専門的知見を基にしてこどもにとって最善の利益を考えることにしている。子どもたちの困りごとは幅広く、生活、学習、体験など、最速最善を組み替えながら、細かなアプローチを構築するためである。高校や大学進学に際しては、ケース会議を経た貸付事業によって、その後の自立までを伴走し、金銭管理の必要性を説いている。

三つ目の「みやざき子ども未来応援ゼミナールプロジェクト」では、子どもの貧困の連鎖を断ち切るためには、子どもたちを私たちおとなに適応させるのではなく、子どもたちに合わせて私たちおとなが変わる必要があるとの考えのもとで、ただひたすら子どもたちのために、自らのものの見方・考え方を捉え直す機会を作り続けている。毎月開催し、「事例検討」で宮崎の事例を、「テーマ学習」で専門職からの経験を学んでいる。子どもの貧困は地域課題であるので、助成金を受けて開催する学びの場では、子どもたちの将来に真摯に向き合う多くの人たちとの交流を育むことにしている。

四つ目の「Children First Campプロジェクト」では、学習集団づくりと予習型学習支援を通して、学びの楽しさを伝えることを目的としている。支援対象の子どもたちは毎週金曜日、日曜日にこのプログラムに参加し、他者性を育んでいる。形態は、①拠点型 ②宿泊型 ③遠隔型 ④特別講座&見学会である。様々な学びの場によって、学習支援から生活支援への充実や、子どもの自立に向けて行う内容を見極め、オーダーメードの支援を行うことができる。

四つのプロジェクト、それぞれ目的が異なり、果たす機能も異なっている。著者は一つ目と三つ目のプロジェクトに携わっている。NPO法人Swing-Byは、就学のための資金を援助するだけでなく、学力向上支援・啓発活動・交流・調査・研究等の複数のアプローチで貧困問題の根本に迫ろうとしているのである。

今回のブックレット企画には、「子どもの貧困」に取り組む活動の「見える化」が必要であると実感したところから始まった。Swing-Byの課題の一つとして、多くの方々に必要な情報を届けることが求められている。

NPO法人キッズドア

NPO法人キッズドアも複数のアプローチにとりくんでいる。貧困の連鎖を断ち切る為、小学生から高校生・若者まで幅広い層への無料学習会の運営を中心に、居場所支援、社会問題に対する啓発活動や政策提言、地方創成まで、その活動は多岐にわたっている。

教育支援事業としての具体的内容は、学習支援、居場所支援、キャリア／体験活動である。それだけなく、「普及・啓発・アドボカシー」として、政策提言・コレクティブインパクト、調査研究、人材育成、講演・イベントも行っている。さらに、地方創生として、東北事業部の活動、コンサルティング、公営塾運営まで幅広く活動しているのがキッズドアの特徴である。

著者は、東北復興支援事業の一環でキッズドア東北事業部を訪問したことがある。キッズドア東北事業部は、仙台駅前の利便性の良い立地で、子どもたちだけでなく学習支援ボランティアのメンバーも気軽に立ち寄れる場所に設置されていた。そこでは、塾や予備校に行けない家庭の子どもたちに学習支援ボランティアや居場所提供の活動をしていた。学習支援ボランティアの運営では、勉強会の企画と実施にとどまらず、講師役の大学生同士の反省会もきっちりやっており、下手な塾に行くよりは、キッズドアの方が何倍も有意義な学びができると思い知ることができた。また、キッズドアで学ぶことで、講師役の大学生と子どもたち、さらには子ども同士が交流しあうことで学びを通じた共同体の形成も期待できると感じた。このようなＮＰＯ法人が今後、発展拡大することを願うばかりである。

宮崎大学教育学部の教員の研究チームの試み

著者は大学学部生時代に児童養護施設を訪問し、子どもへの学習支援ボランティアをした経験

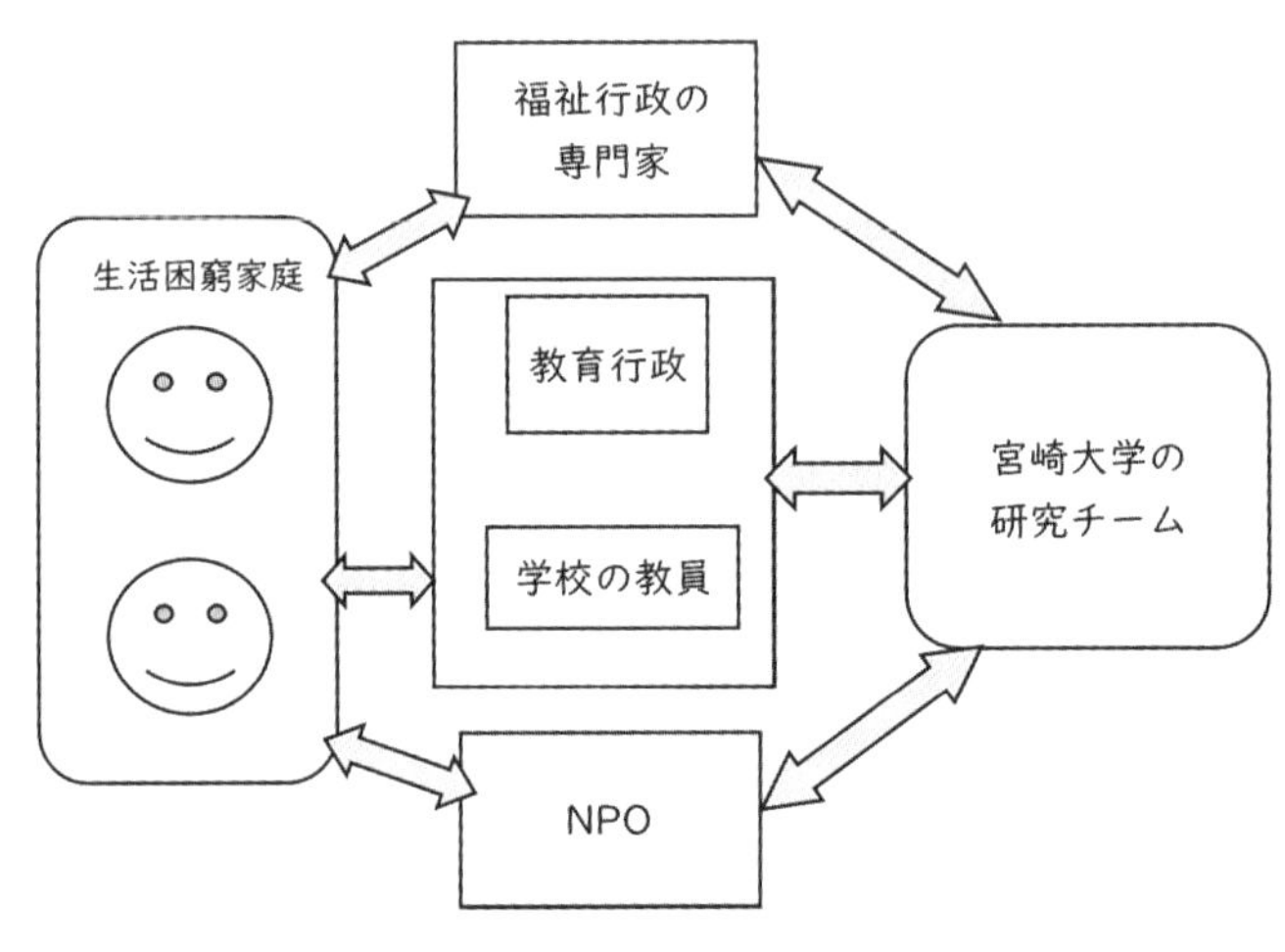

図６　宮崎大学の研究チームの連携先の構図

出典：本文の記述を基に著者作成。

があるが、その時に個人的取り組みには限界があり、組織の機動力と安定性が必要であることを痛感した。社会事業は組織化して、各種の団体を設立することが欠かせないが、子どもの貧困対策の現状は多様な性格を持つ団体が同じ目標を掲げながら、個別に活動しているため、あたかも群雄割拠のような状況となっている。さらに言えば、地方自治体からの公的支援のための外部資金の取り合いの危険性もある。社会事業全体の水準を上げるためにも、子どもの貧困問題に取り組みながらも個別化している各種団体を結びつける存在が必要となる。そこで、宮崎大学教育学部の教員有志が、子どもを取り巻く諸課題を検証し、各種団体の情報共有と最新の知見を提供する役割を担うことで、各種団体のネットワーク化を図る試みをしている。とりわけ福祉と教育は、管轄省庁が異なることもあり、用語の専門別細分化が著しいので、専門用語を分かりやすく説明する役割が求められる。本書もその試みの一環として出版されたものであり、教員や福祉の専門家に対して、現行制度の有効活用をすすめて、生活困窮家庭の生徒と保護者への進路指導の進路の選択肢を増やすことを企図している。具体的な構図は、右ページの図「宮崎大学の研究チームの連携先の構図」を参照してほしい。

福祉行政の専門家は、社会福祉法人や一般社団法人に所属して取り組んでいる人たちも含んでいる。教育行政と学校の教員は、公的機関の範疇に入る。生活困窮家庭とは間接的なつながりが中心となるが、事例によってはケース会議で大学教員も同席することで直接関与することもある。宮崎大学の研究チームは、調査研究にとどまらず、各種団体と連携することで、ネットワーク構築とプロジェクトの企画調整も担うのである。

コラム④　対象としてのオンライン通信費負担

近年著者は、大学のキャンパス内で、Ｗｉ-Ｆｉフリー・スポットを探索する学生をしばしば目撃する一方で、通信費を全く気にしていない学生にも遭遇している。このように、学生のオンライン通信費負担の在り方に大きな違いがあることが気になる。オンライン通信費は、スマートフォンの通信費と自宅でのネット回線の通信費の二種類が挙げられる。

まずスマートフォンの通信費をみていく。スマートフォンは、二〇一一（平成二三）年から本格的に普及して現在に至っている。著者は、このスマートフォンの契約形態の違いが学生生活に大きな影響を与えていると考える。つまり、学生によってスマートフォンの契約形態が違っており、それが費用負担の在り方の違いにつながっているということである。具体的にみると、大きく二つに分かれる。第一に、大手キャリアの「家族割」を利用して保護者が全額支払っている事例である。これだと学生が大学卒業まで保護者に費用を負担させることができる。もっとも、実際に一〇〇％保護者が負担するか、実際は家庭内で割り勘して子どもに費用を負担させているかは不明であり、別途調査する必要があろう。第二に、学生個人が契約している事例である。学生個人が契約している事例は、大手キャリアを利用している事例、サードパーティーを利用している事例、

ＳＩＭフリーを利用している事例の三種類に分かれる。容量フリーの高額プランで契約している学生と必要最小限の容量でＷｉ－Ｆｉ利用をしている学生とに大別されよう。大学キャンパス内のフリー・スポットを利用している学生は、後者に該当する。三者の事例のうち、最も格安なのがＳＩＭフリーであり、一か月二〇〇〇円以下の通信費用であるが、設定や非常時対応も自己責任であることから、情報機器に対して一定の知識がないと利用できない。ちなみに著者は、二〇二一（令和三）年四月までＳＩＭフリーのデータ通信と大手キャリアの携帯電話の二本立てで一か月計一五〇〇円程度の通信費負担ですんでいた。四月からは大手キャリアが携帯からスマホへの格安乗り換えプランを出してきたので、そちらに乗り換えて現在に至る。

次に、自宅でのネット回線の通信費については、親元で生活しているか寮や下宿であるかで分かれる。親元での生活の場合、スマートフォンの事例とは異なり、定額で何台接続しても料金は変わらないので、通信費の使用分を割り勘にすることは考えにくい。近年、大手電話会社の固定インターネット回線については、光ケーブル回線だけでなくケーブルテレビの光ケーブル回線もあり、参入業者が多く過当競争気味であるので、費用は一か月四〇〇〇円台から五〇〇〇円台で推移している。または、固定インターネット回線を使用せずに、無線ＬＡＮ回線、具体的にはモバイル電話回線を介したモバイルルーターの使用もある。こちらは固定インターネット回線よりも少し割安で、一か月三〇〇〇円台から四〇〇〇円台である。下宿の場合、下宿先の賃貸物件に固定インターネット回線および無線ＬＡＮが備え付けで家賃に含まれている事例があることから、意外に費用がかからないことがある。ただし、備え付けの機器の性能により通信速度に差がある。下宿に固定インターネットが備え付けられていない場合は、自費での固定インターネット回線もしくは自費での無線ＬＡＮ回線の使用が考えられる。大学寮では、固定インターネット回線が整備されていないところがある。そのため、コロナ感染症対策下で寮生たちは、無線ＬＡＮ設備が敷かれた大学の教室に来るか、一か月三〇〇〇円から四〇〇〇円を自費で支払って無線ＬＡＮ回線を使用せざるをえない状況である。

以上のように、学生のオンライン通信費負担の在り方は、家計負担か自己負担かの違いだけでなく、居住環境の設備の違いで大きな差異が生じているのである。

第5章　ケースメソッド　生徒指導バージョン

本章では、専門家として生徒への対応を検討するケースメソッドの事例を述べる。ケースメソッドとは、アメリカ合衆国の経営学の専門職大学院で開発された手法である。ケース（事例）についての問題分析だけではなく、当事者の立場で意思決定を行うことを特徴としている。ケースメソッドと類似している手法の一つであるケーススタディには、模範解答があるが、ケースメソッドは、模範解答がないのを特徴としている。模範解答がない分、ケースについて他の人と意見や解法を検討し合うことで、これまでとは違った意見や解法を身につけることを促進させることをねらいとしている。宮崎大学教職大学院では、複数の授業でこの手法を取り入れている。

なお、本章で掲載する事例は、宮崎県の教諭に対して宮崎大学が主催する宮崎県の行政研修講座「無償化政策に対応した進路指導」で使用したものである。著者が、これまでに経験したり取材したりした事例を基に作成したオリジナル作品である。個人情報保護の観点から、事例は全て属性や条件を変更して記述し、個人が特定できないようにしていることを付記しておく。

本章では、生徒と向かい合ったシチュエーションを設定している。

Case1　先生！　申請書はこれでいいですか？

ある日、高校教諭の宮崎大先生のもとに勅使河原君が質問をしに職員室に来ました。勅使河原君「僕は、日本学生支援機構に奨学金申請をするつもりです。昨晩ネットに書かれているコメントを見て、申請書の下書きを書いてきました。先生、申請書はこれでいいですか？」
その申請書の内容は次の通りである。

私は現在、母と弟の三人家族です。三年前に父と母は離婚しています。父は飲食店を経営していましたが、昨年からのコロナ感染症のため店の経営がうまくいかず、昨年末から父が養育費を支払ってくれません。母は早朝から深夜まで三つのバイトをかけもちしています。私はバスケットボール部を退部して、学校の許可を得て、朝夕に新聞配達をしています。昨年から学校でタブレットを使ったプログラミング学習を学び、興味がわいたので、パソコン関連の資格を取りたいです。そのために大学に進学して、将来はパソコンを使った仕事に就きたいです。先日学校のキャリア教育でアップル社の創設者スティーブ・ジョブズの伝記を読む機会があり、感激しました。将来は米国に移住して、シリコンバレーで働きたいなと思います。英語は苦手ですが、今後頑張って英検を取りたいです。しかし、大学進学のための資金もありませんし、英検の受験料も高くて受験できません。奨学金をもらえたら、ぜひチャレンジしてみます。弟は軽音楽をしたいそうで、そのためにもお金が必要です。以上の理由で奨学金を申請します。

よろしくお願いします。

以下は、申請書を読んだ後の宮崎大先生と勅使河原君との面談の様子である。

宮崎大先生「勅使河原君は申請書をどうやって書いたの？」

勅使河原君「ネットの『知恵袋』をみて書きました。一応母にもみせています」

宮崎大先生「う～ん……。勅使河原君！　いまから申請書を見直そうか」

すると勅使河原君が恨みがましく宮崎大先生にこう言いました。

勅使河原君「先生、授業料免除も奨学金も申請手続きがとてもめんどくさいよー。書類をたくさん用意しなきゃいけないし、こんなに面倒くさいなら、もう申請しないよー」

その言葉を聞いて宮崎大先生は、一気にやる気を失いました。しかし、教師として言わなければいけないことができたと思い、心を引き締めて勅使河原君と改めて向かい合いました。そんな宮崎大先生の心の変化に気づかず、勅使河原君は不満顔のままです。

大問1　勅使河原君の申請書と面談内容について、次の(1)から(3)の観点から問題点を指摘して、改善せよ。

なお、本研修は、キャリア教育の研修ではないので、奨学金申請上の問題点に絞る。

(1)　勅使河原君の家庭の事情説明

(2)　勅使河原君の将来ビジョン

(3) 奨学金を受給することへの心構え

大問2 申請手続きを面倒くさがる生徒に対してどのような指導助言をしますか？

Case1 解説

申請書作成時の注意点

出題者意図

申請書作成を生徒に丸投げしてはいけない。申請書に書くべきことの大枠を指導助言する必要がある。申請書には、家庭の経済状況の説明、向上心、公費投入の正当性、未来において公益のために貢献する覚悟を示さなければならない。

大学在学中の申請では、指導教員である大学教員の教育支援への理解度で採択率が異なる。申請書の作成についてだけでなく、推薦書の書き方についても経験の有無による差が大きいからである。申請書提出時に気をつけておくべきことは、授業料免除や奨学金申請が「貧困コンテスト」ではないという事実である。個人の努力では改善不可能な経済的事情で、進学のために必要な元手がない生徒に対して公費（国民の税金）を支出することである。したがって、採択されるためには、公費を支出することの意義を理解しているかがポイントとなる。つまり、単に「不幸な状況」を書いても採用されにくいのであり、自分に公費投入されることの正当性を述べる必要がある。申請書での公費投入の正当性は、自信を持って明確に述べる。まちがってでも踏み倒すようなことを匂わすような内容の文章を書いてはいけない。

回答例

大問１　申請書には、進学先での具体的学びと未来予想図を示しつつ、私益よりも公益に関心があることを示しておけばよい。例えば「私は宮崎大学工学部でデータサイエンスについての高度な知識とスキルを身につけて、国際貢献を目的とするＪＩＣＡ（国際協力機構）にはいり、発展途上国の情報産業の発展に寄与する形で日本および国際社会に貢献したい。そのために授業料免除（奨学金）を申請いたします」と述べるなど。ＪＩＣＡは、海外青年協力隊事業を展開している国の外郭団体である。

大問２　奨学金に限らず、コロナ感染症対策による補助金申請も含めて、公的資金を受給するための申請書類が煩雑なのには理由がある。それは私費ではなく、国民の税金である公費を受け取るからである。公費が正しい目的で使われていることを証明するためにも、いつ誰が、どういった理由で、どれだけの公費を支給されたのかを検証できるように文書化する必要がある。宮崎大先生が勅使河原君に言うべきは、「あのねえ、勅使河原君！　社会のお仕事の約半分は書類のやりとりで、とくにお役所では、ほとんど書類で会話しているのだよ。これは勅使河原君と日本学生支援機構とのコミュニケーションでもあるのだよ」である。

ポイント

申請においては、将来ビジョン達成の蓋然性は低くても良い。申請者自身が将来に見通しを持っておく必要がある。最重要なのは、奨学金を受給して学んだ成果を私益ではなく公益として還元させるという覚悟を見せることである。

奨学金を借りることで生じる将来の返済額などは、日本学生支援機構のWEBサイトにシミュレーターがある。これを利用しない手はない。申請前にファイナンシャルプランナーに相談すると、金融商品の観点で説明するので不適である。いまだとかなり高い確率でジュニアNISAを勧めてくる。なお、ジュニアNISAは廃止され、二〇二四（令和六）年から別商品が出される予定である。ファイナンシャルプランナーと違って教師は、生徒の発達を踏まえた進路指導できる点が特徴であり、それこそ教師の専門性である。

Case2　私でも教師になれますか？

高校一年生の本山那由子（なゆこ）さん（女子）は、宮崎県宮崎市に居住し、八〇〇人規模の県立高等学校の普通科に在籍しています。家庭は母子家庭で一人っ子です。準要保護世帯として就学援助金をうけております。学力は中程度（大手予備校の模擬試験の五教科平均の偏差値五六）で、英語が得意（予備校の全国模擬試験で偏差値六四）なので国立の教員養成系学部に進学して中学の英語教師になることを強く志望しております。しかし、自分の家庭の経済状況で大学進学をしてよいのか深く悩んでおります。性格はおとなしく、文芸部に所属して異世界転生の小説を書いております。少し引っ込み思案ですが友人はおり、文化祭でもクラスの友人たちと部誌を積極的に準備していました。家計を助けるために、高校の許可を取った上で、スーパーでレジのバイトをしています。バイトは放課後から21時までです。授業中に「舟を漕ぐ」ことがあるため、一部の先生からの心証はよくありません。

ボランティア活動をしたことがありません。留学経験もありません。心身は丈夫で中学校時代は皆勤でした。好きなバンドは「Official髭男dism」です。母が心配なので勤務先は宮崎県を志望しています。

大問　高校教諭として、本山那由子さんに対して、適切な進路指導をしなさい。

問1　英語教師に必要な要件に注意しつつ、利用可能な制度は？

問2　教師として連携しておくべき機関はどこか？
問3　「教員育成指標」を踏まえて、教師を目指すために今からしておくべき項目は？

Case2　解説

出題者意図

二〇一六（平成二八）年以降、教職は「養成・採用・研修の三位一体的改革」が進み、その一環として二〇一七（平成二九）年に教育公務員特例法が改正され、教育委員会と公立学校長と大学とで構成された協議会において「教員育成指標」（以降、「育成指標」と略記）を策定することになった。そして、この「育成指標」を基に新しい教員研修計画を策定することになった。今後、教職志望の生徒には、大学も教育委員会も育成指標を基にして養成や研修を行っていることを理解させる必要がある。また、教職は教科によっては採用時に厳しい要件を課すようになった。とくに英語は要件が厳しくなっており、教職志望の生徒に覚悟を求める必要があるほどである。

回答例

問1　英語教諭の要件は、近年厳しくなりつつある。英語教師について、多くの地方自治体が独自の要件として次のような項目を設定している。まず「英検準一級以上」、「ＴＯＥ

FLPBT五八〇点（iBTの場合は九二点）以上取得者」、「TOEIC八六〇点以上取得者」である。さらに、採用時に受験生の留学経験を評価する自治体もある。その場合、留学期間が一年間以上をもって評価するところもある。もっとも、外国への留学は、文部科学省の「トビタテ！留学JAPAN」という支援制度があり、留学促進のために学力基準がなくなったことから利用しやすくなっている。コロナ感染症の蔓延がおさまったら利用してほしい。

上記の英語力の要件を満たす実力があるならば、外資系企業に就職したり、貿易会社に就職したりするのではないかと考えるほどの基準を設定している。個人的経験だが、著者の中学時代にsoccerを「そっかー」と発音していた英語教師は、幸せな時代を生きていたのだなと思う。

問2　教師として連携しておく機関は次の三つがある。

まず、準要保護世帯の母子家庭であることから、受給できる福祉サービスを受けているかどうかの確認が必要である。市町村の福祉担当部局のうち、母子家庭担当窓口の確認はしておいた方が良い。しかしながら、福祉部局の人たちは多忙であるので、制度的に教育行政と福祉行政とが連携協働する仕組みになっていなければ、連携には限界がある。

有力な連携先候補であるのが大学である。現在、国立大学の教員養成系学部は、高等学校との連携を進めている。たとえば、宮崎大学教育学部では、公立高等学校だけではなく宮崎県と共に、県内の教職志望の高校生に対して教職の内容や必要な心構えを出前講座で伝える試みをしている。高校生は、こうした講座に参加して、高校在学中に教職に就くために必要な項目の確認をしておいた方がよい。

アルバイト先の店長との連携は、もし可能であるならば、連携しておいた方がよい。学校の外での生徒の様子は、健康面も含めて重要な情報であるからである。また、ブラックな労働環境を強いる職場であれば速やかに他のバイト先に変更させる必要がある。

問3　育成指標の「養成期」は大学在学期間中を想定しているが、大学の特別推薦や面接では、申請書欄にボランティア活動を記述させることがあるので、高等学校在学中にできるのであれば、ボランティア活動を経験しておいた方がよい。ボランティア活動には、長期にわたり活動するものから一日で終わる単発のものまで幅広くあるが、さしあたっては単発でも良いので経験を優先した方がよい。

ポイント

高校生の孤立化を防ぐことが重要である。著者は、二〇〇八（平成二〇）年に近畿地方の複数の高等学校で、高校生の進路等の相談相手を調べたことがある。その調査の結果は次の通りである。（有効回答数八四八、複数回答）

第一位が「母親」（四七二人）、第二位が「父親」（一六八人）、第三位「先生」（一四六人）、第四位「親友」（一三九人）、第五位「自分で解決」（一二一人）、第六位「友人グループ」（七〇人）、

第七位「兄弟姉妹」（六五人）、第八位「その他」（四五人）、第九位「恋人」（二〇人）、第一〇位「相談相手がいない」（一七人）である。

右記の結果から、意外と同世代の友人よりも身内が相談相手となっており、第五位には「自分で解決」があがっている。ポイントは、本山那由子さんがよく相談する相手を確認することである。相談先は複数、もしくは専門家である教諭が入っていることが望ましい。この場合、相談時間よりもコンタクトがとれ、必要な情報を収集できているかの確認が重要である。

今回の事例にあるように、アルバイトをする生徒に対する教諭のまなざしは厳しい場合が多い。可能ならば勉学に専念した方がよいのは明らかである。しかしながら、家庭の事情により、勉学に専念できない環境であることがしばしばみられるので、高等学校の教諭には配慮をお願いしたい。

あとCase 2とこの後のCase 3では、進学先を都市部にするか出身地にするかの選択がある。この場合、勤務地を見越して長期的視野で選ぶ必要がある。

Case3　中学生から始める進学プラン

全校生徒五〇〇人の宮崎市立教職大学院中学校に通う二年生の黒木田太郎さん（男子）は、宮崎県宮崎市に居住し、校区内の児童養護施設から中学校に就学する三人兄妹（弟は中二、妹は小五）の長男です。家庭は母子家庭であり、母親が病弱であるため、三人の子どもを養育することが困難であり、三人とも施設にいます。黒木田さんの学力は学年で中の中程度で、体育が得意です。国立大学等の工学部に進学してエンジニアになりたいと考えております。しかし、自分の家庭の経済状況で大学進学をしてよいのか深く悩んでおります。部活動では野球部に所属しており、ポジションはキャッチャーで、リーダーを支える補佐役です。体育祭ではクラスの友人たちと競技に積極的に参加しました。

現時点で黒木田さんは大学進学以前に、高校進学することにも悩んでいます。今のままでは、たとえ高校に進学したとしても、家計を助けるために学校の承認を得た上でアルバイトをしなければいけないのではないかと悩んでいます。

当然ながら、まだバイトをしたことはありません。ボランティア活動もしたことがありません。心身は丈夫で小学校時代は皆勤であり、現在も皆勤記録更新中です。好きなアーティストは「TWICE」です。弟たちは、家庭の経済状況よりも自分の興味関心を優先しており、弟はピアニスト、妹は画家をめざしており二人とも都市部の美術大学への進学を希望しています。病弱な母と弟妹が心配なので、進学先も勤務先も宮崎県を志望しています。

大問　中学校教諭として、担当するクラスの黒木田さんに対して、適切な進路指導をしなさい。
問１　工学系の専門職に就くための学校種と学部に注意しつつ、利用可能な制度は？
問２　教諭として進路指導に際して、連携しておくべき機関はどこか？
問３　勤務地の固定化が見込まれる場合に進路指導しておくべき項目は？

Case3　解説

出題者意図

児童養護施設は、かつてあった孤児院とは異なり親がいる事例の方が多数である。様々な理由で親がいながら施設で生活している子どもばかりである。本書第４章で述べたように、児童養護施設の子どもを対象にした支援をする団体があることを理解していることが重要である。

後期中等教育にあたる高等学校は義務教育ではないので、普通教育と職業系の専門教育とが混在している。高等学校の学科構成と公立私立の構成は、都道府県によって異なるので、勤務先の高等学校の構成を確認することが必要である。

回答例

問1　工学系のエンジニア養成機関には、五年制の高等専門学校がある。近年高等専門学校を卒業して大学三年へ編入する経路が一般的になりつつあることから、大学進学を視野に入れつつ高等専門学校への進学という選択肢がある。また、公立高等学校の普通科と職業系専門学科との比率は、都道府県によって異なっている。普通科と専門学科との比率は、八：二や七：三が多いが、宮崎県では一：一の比率となっている。勤務地での構成をもとにして、生徒の意欲や学力を考慮して指導することが重要である。

なお、二〇二〇（令和二）年の宮崎県の高卒就職率は、二八・七％（男三四・六％、女二二・四％）である。高校卒業者の就職率の全国平均が一七・六％であることを鑑みると高い水準である。一方で、宮崎県の大学進学率は、四四・九％（男四〇・二％、女四九・八％）である。さらに宮崎県では、高校受験を失敗した若者や高校中退者のセーフティネットとして存在する専修学校（高等課程）進学率が〇・五％と全国的に見て高い。最大は福島県の〇・七％であり、宮崎県は九州トップである。つまり、宮崎県では、中学校と高等学校の接続部分、高等学校と大学との接続部分、高等学校と産業社会との接続において進路の選択肢が他県よりも多いのである。本書は、大学進学を目指す中高生に指導助言する専門家への指導助言を趣旨としているが、青年の進路については、「教育を受ける権利」よりも「勤労の権利」を重視する青年のために、大学進学以外の選択肢が一定数あってもよいと考える。

問２　ＮＰＯ法人Swing-Byのような、中学校段階から予約可能な給付型奨学金制度を実施している団体との連携が欠かせない。また、塾や予備校への追加費用負担が望めないことから、学習支援ボランティア活動団体との連携も必要である。

問３　早くから勤務地を固定していれば、若者の囲い込み政策の恩恵を受けられる。一部の都道府県では、地元企業に五年以上勤務すれば奨学金の負債の一部を肩代わりする制度が登場している。宮崎県にも「ひなた創生のための奨学金返還支援事業」があり、最大一五〇万円の奨学金の負債を肩代わりしてくれる。

ポイント

職業別に要件となっている学歴や資格を考慮するだけでなく、国が示すSociety5.0の到来により変動する社会を見極める必要がある。具体的には、コラム⑤で紹介している華井由利奈『女子のための「手に職」図鑑』（光文社、二〇一八年）を参照しながら、低収入かつ離職率が高くて、一生涯の職業として継続しにくい職業の確認と今後変化しそうな職業を見極めることである。

教師として、生徒が志望する職業では、その職業を目指している人たちの集団としての規模と、実際にその職業に就くことができる人の規模を生徒が把握できるように助言することが求められよう。学校でのキャリア教育において、全教員が指導助言できるように、校内研修などで共通見解を得るようにしておいた方がよい。

さらに、奨学金の負債を肩代わりする地方自治体が登場するなど、進学先と就職先と勤務地とが関連していることを生徒に認識させる必要がある。

第6章　ケースメソッド　保護者対応バージョン

Case1　先生!うちの孫に学はいりません。

進路指導担当の田川成功先生は勤務経験一〇年であり、九州地方の離島にある全生徒二〇〇人規模の中ノ鳥島高等学校に勤務して二年目である。田川先生自身は、九州の長崎出身であるが、大学は大阪で過ごし、九州のK県の高等学校教員として採用され、中堅教諭等資質向上研修修了後の翌年に中ノ鳥島高等学校に勤務となった。

教え子で二年生の河口秋奈さんは、両親を交通事故で亡くし、今は祖父母に育てられている。兄弟はいない。普通科の理系クラスに所属し、数学と化学の成績が極めてよく、本人も将来は島を離れて、東京の理学部のある大学に進学したいと考えている。進路相談を受けた田川先生も同意し、東京の理学部のある女子大学を受験することにしていた。

ところが、夏休み直前の七月上旬に河口さんの祖父が突然学校を訪問してきた。河口さんの祖父は、中ノ鳥島の漁業協同組合の幹部であり、中ノ鳥島の小学校や中学校の学校運営協議会のメンバーを歴任してきた有力な学校関係者でもある。河口さんの祖父は、孫の進学について田川先生に意見したいとのことで、学校の応接室で田川先生と教頭の二人で対応することにした。河口さんの祖父は開口一番、次のように主張した。

河口祖父「先生！　あんたうちの孫娘に東京の大学を勧めたそうだが、金輪際、孫娘に島の外の大学を勧めるのはやめてくれんかね」

田川先生「なぜでしょうか？　孫娘さんの秋奈さんは、東京の大学を志望しています。成績も大変よいのですよ」

河口祖父「志望だの、成績だのはどうでもいい。わしらの一家は、先祖代々この島で生活してきた。わしの息子夫婦、あの子の亡くなった両親もそうだ。この島を出なくても、仕事はある。秋奈は、漁協の事務職につかせたあとに、島にいる有望な漁師に嫁がせて家庭を築かせるつもりだ」

田川先生「将来構想はとても大切な話だと思います。今一度、秋奈さんと話し合って、本人の意思を確認されてみてはいかがでしょうか。彼女はもっと学びたがっていると思いますよ」

河口祖父「本当は秋奈を高校にいかせるつもりではなかった。大体から、進学した連中の多くは島を出たら帰ってこない。日本の学校は生まれ故郷を捨てさせる教育をさせとるのではないか？　だったら、先生よ。うちの孫に学はいらん!!」と叫んだあと河口祖父は激昂して立ち上がり、応接室のドアを乱暴に開けて出て行ってしまった。

河口さんの祖父が出て行った後の応接室では、しばらく田川先生と教頭先生が互いに顔を見合わせていた。

問1　田川先生は、今後河口さんの祖父に対して、どのように河口秋奈さんの進路相談を進めていけばよいか。
問2　河口さんの祖父のように、義務教育以降の進学を否定する人たちに対して、進学する意義をどのように説明していけばよいかを述べよ。

Case1　解説

出題者意図

両親を亡くした生徒の進学問題に、ジェンダーの視点がからんだ深刻な問題である。残念ながら、一部の地域では、今回の事例同様に、女性の社会進出に対して消極的どころか、社会進出を阻害するようなところがある。ただし、全ての離島が事例のような状態ではない。長崎県の離島では、むしろ島外に出ることを家族が勧める事例を著者は確認している。島の外の社会を知り視野を広げてから、島に帰るのもよし、新天地で生活するのもよし、とする考え方である。事例のような離島の場合、近世において藩の方針で、人口移動が厳しく制限されていた地域であり、今回の事例のような傾向が残存した可能性があると考える。日本国憲法では、職業選択の自由と居住地選択の自由が明記されている。さらに日本国憲法では男女同権が明記されている。女性のみに制限をかけるような因習は、教育公務員として克服すべき対象になる。

回答例

問1　既に教育の大衆化となって二世代以上経過している。とはいえ、旧態依然の価値観が消え去ったわけではない。三世代にわたって学校文化になじんだ家庭がある一方で、三世代にわたって学校文化になじめなかった家庭も存在する。学校文化になじめなかった家庭に対して、学校に行くことの投資的視点は伝わりにくい。

今回の事例では、河口さんの祖父は学校関係者でもあったことから全く学校文化になじんでいないわけではない。本書で既に述べているように、そもそも学校での学びは「家庭のドラマ」に帰結するものではない。学びの成果は、私益を超えて公益に結び付く。河口さんの祖父には、私益よりも公益のため、人類益のためにも考え直すように伝えて説得を試みるべきである。

問2　教育基本法は、昭和二〇年代の社会状況を踏まえて規定された。当時は、中学校卒業後に就職する若者が多数だった時代である。労働基準法も当時の事情を鑑み、「一五歳を過ぎて最初の三月三一日が過ぎてから」働けることになっている。第3章で「放棄所得=機会費用」の計算は、本来中学校卒業後から始めるのはそのためである。しかしながら、二〇一九（令和元）年には高校進学率九八・八%、中卒で就職する若者は二三五八人に過ぎない。生産性の高い労働者になるためにも、今後も高校進学は高い水準を維持し、四年制大学進学率も六割に近づくことが考えられる。

ポイント

今回の事例の根底にあるのは、人口移動の問題である。事例で河口祖父が述べたように、戦後日本の人口移動については、「地方から都市部への移動」と「地方での固定」かの二項対立的で捉えがちであった。しかしながら、これからのグローバル社会では、上記の二項対立ではなく、都市部であろうが地方であろうが、より良い賃金を出す職場を求めたり、住みよい土地を求めたりして、日本どころか世界各地を渡り歩くライフスタイルの可能性が高まっている。コロナ感染症下でのリモートワークの増加もそれを促進させている。学校教育では、どのような土地でも生活できるような知識やスキルの獲得が必要であろう。どのような事情があろうと、子どもを強制的に縛り付けるのはよくないのである。

Case2　なぜ子どもを家計から独立させるのですか？

松原治郎先生は、都市部の一〇〇〇人規模の高等学校に勤務する中堅教諭（勤務経験一二年）です。高校では「英語」を教えており、三年生の学級担任をしています。先日、高校において大学進学後の奨学金予約申請説明会を開催し、受給希望者四〇人に説明しました。説明会では、本書第2章にあたる現行の奨学金制度の内容を伝えた上で、奨学金申請にあたっての準備として、保護者の家計とは別の自分自身の口座を開設することと奨学金申請時での保証人は人的保証ではなく、機関保証にすべきことを生徒に伝えました。説明を受けた生徒たちからは、とくに質問はなく説明会は時間内に終了しました。

この説明会の三日後に、受け持っている生徒である彼杵（そのぎ）太郎君の母親が学校にやってきました。先日の説明会の内容について話をしたいとのことです。松原先生は、教頭とともに応接室で彼杵母と対応することにしました。以下は、そのやりとりです。

彼杵母「説明会から帰宅した太郎と奨学金の話をしました。松原先生は奨学金を受給する際には、太郎に自分名義の口座を開設して、奨学金は自身で管理するように言ったそうですね」

松原先生「はい、そうです。まず自分名義の口座を開設する。そして、奨学金を受給するようになったら自分自身でお金の管理をしなければいけないと言いました」

彼杵母「あと奨学金申請に必要な保証人は、人的保証ではなく機関保証にしろとも言ったそうですね」

松原先生「はい、その通りです」
彼杵母「では、お聞きします。まず、なぜ子どもを家計から独立させるのですか？」
松原先生「自立した生活の『自立』は、自分自身の判断で経済活動ができることを示しており、そのためには保護者の家計から独立していることが必要です。たとえ保護者と同居しているといえども、口座を分けるところからが、自立への第一歩になると考えます」
彼杵母「そうですか。では、機関保証にするのはなぜですか？」
松原先生「保証人制度の問題は、本人にその気がなくても万が一に破産した場合に保証人が責任を負うことになります。これは奨学金の負債に限らず、その他の負債でも同様であると考えます」
彼杵母「あの子は、会計ができないから私がお金の管理をするつもりです。だから口座は家の口座にしておきなさいと言いましたの。あと奨学金の保証人は、私の弟、息子からみて叔父にお願いするようにとも言いました。機関保証にすれば、その分だけ手数料がかかってしまうじゃないですか」口調こそ穏やかですが、含む言葉には毒が仕込まれているかのようです。
松原先生「お金の管理を自分自身でさせるために、家計から切り離していただきたいと思います。切り離すことで奨学金が正しく使われたかどうかの検証ができます」
彼杵母「まあ。それでは私が息子の奨学金を生活費に使い込むかのような言い方ですね」
教頭「松原先生は、決してあなたがそうするという意味で言っているのではないのですよ。あくまで奨学金の管理が明確になるという意味で言ったのだと思います」

彼杵母「いいえ。使い込みを疑っているかのように受け取りました。失礼な！　もう帰ります！」

そう言って彼杵母は、応接室を出て行ってしまいました。あとには松原先生と教頭が残されました。

問１　今回の会話の問題点を指摘した上で、今後彼杵親子をどう説得するか。

問２　話の流れで割愛された機関保証について、どのように説得するか。伝えるべき情報を述べよ。

Case2　解説

出題者意図

著者も大学で、奨学金が振り込まれる口座を保護者の口座と一緒にしている学生にしばしば遭遇する。口座を同一にする危険性は、事例で述べているように保護者が生活費として使い込んでしまうことである。二〇二二（令和四）年四月一日から成人年齢は一八歳になることから、高校生への独立した口座開設の必要性を説明することが重要となる。

回答例

問1　「同一口座＝保護者の使い込み」と受け取られるような発言となっているので、厳に慎むべきである。しかしながら、最低限、保護者も引き出せるような家計と同一の口座にせず奨学金のための独立した口座を開設する必要があることを認識させる必要がある。多くの国民が誤解しているが、貸与型奨学金は「自己負担」であり、給付型奨学金も家計補助ではなく、奨学生個人を対象としている。「子どもがお金のやりくりができないから、代わりに保護者がしている」のではなく、社会人として自立した存在として「お金のやりくり」が当然できるという前提となっている。

問2　機関保証について述べるべき言葉は、次の通りである。それは「人的保証と異なり、機関保証だと手数料が加算されますが、その分だけ保証人への配慮をしなくてすむのなら、手数料は高くはないと思います」である。保証人制度のうち、とくに債務者が金銭を返済しない場合に、債務者に代わって、借金を返済することを約束した人を連帯保証人というが、借金をした当人ではない人に責任転嫁されることから、しばしば国会でも制度見直し論が展開されている。申請者が返済不能になった場合、奨学金の保証人にも同様に債権者である日本学生支援機構からの取り立てがあるので、奨学金制度の人的保証も、いずれ改変されるべき制度である。なお、公益財団法人日本国際教育支援協会が機関保証先であり、機関保証料として五〇〇〇円から六〇〇〇円弱が毎月の奨学金支払い額から差し引かれる。

ポイント

高等教育段階では、家計からの独立は鉄則である。自立の第一歩は自分の口座を開設することである。一八歳で成人になることからも、奨学金管理のための独立した口座の開設は、これからの日本の高校生にとって克服すべき課題となる。

Case3　奨学金なんか借りたら、子どもが就職も結婚もできなくなるじゃないか！

九鬼葉介君は、五〇〇人規模の兵庫県の公立A中学校の三年生の男子です。A中学校は、貧困率が高い地区であり、生活保護世帯と準要保護世帯が全体の四割程度を占めます。九鬼君は、両親が病死し年金生活者の祖父母に育てられており、二人兄弟の長男です。成績は上の下であり、数学が得意です。九鬼君の担任である西池先生は教職経験一三年目で社会科担当の中堅教員です。先日、二者面談で進路指導をしました。その際、九鬼君は、データサイエンスの仕事につきたく、将来はプログラミング言語と統計学を学ぶために工学部への進学を視野に入れています。しかしながら、保護者である祖父母の年金で生活しており、進学費用を確保できるかどうかとても心配しています。西池先生は、高等学校と大学の授業料免除制度と奨学金の話をしました。奨学金については、給付型奨学金だけでは不足する可能性があるため貸与型奨学金の話もしました。また、年収五九〇万円未満の世帯は、私立高等学校の授業料も無償になることも伝え、選択肢としての私立高等学校進学も話しました。九鬼君は、これで大学進学のめどが立ったと喜んでいました。

二日後、九鬼君の保護者である祖父が学校にやってきました。担任の西池先生と教頭が応接室で応対することになりました。九鬼祖父は、神戸市の下町の方言が強く出る方です。本文では、一部表現を補足しています。

九鬼祖父「先日の説明会を受けた孫がとても勉強になったと言っていた。これで大学まで進学できると喜んでいた。わい（私）も感謝しとる」
西池先生「ありがとうございます。説明会を開催した甲斐がありました」
九鬼祖父「いやいや、先生。孫から聞いたんやけど。借りたら返さんといかん奨学金も受給する方向で話をしたそうやな」
西池先生「ええ、葉介君と高等学校と大学の進学費用をシミュレーションして、貸与型奨学金も受給した方がよいとの結論を出しました」
九鬼祖父「あかん（だめ）。あかん。奨学金なんか借りたら、子どもが就職も結婚もできんようになるやんか！（できなくなるじゃないですか）」
西池先生「そんなことはありません。結婚はともかく就職で奨学生が差別されることはありません」
九鬼祖父「なにゅーとるんじゃ（なにを言っているのですか）。何百万円も借金抱えたもん（者）に仕事を任せたり、結婚を許したりするもんがどこにおるんじゃ（どこにいるのでしょうか）。わいは、あんたら（あなたたち）よりも世間をしっとーぞ（知っています）。孫には借金させず、働きながら学ぶようゆーとくわ（言っておきます）」
西池先生「葉介君が目指しているデータサイエンスの仕事は、難しい資格をたくさん取らなければいけないので、学校で勉強に専念しなければいけません。働きながら学べば取得できるかといえば困難だと思います」
九鬼祖父「なんやと。わいは夜間の高校（定時制高校）を出て、ちゃんと飯食ってこれたぞ。

わいができたんやから、働きながら学ぶことは、孫もできるはずや」
この後、話し合いは平行線のままとなり、九鬼祖父は怒りが収まらないまま帰っていきました。西池先生も教頭も、ため息をついて、しばらくお互いに無言のままでした。

大問　今後の九鬼生徒と祖父への進路指導方針について、次の問いに答えなさい。
問1　貸与型奨学金の負債を抱えることで被る影響について、次回以降の面談で、九鬼祖父にどのように説明すればよいか考えよ。
問2　九鬼葉介君が、初志貫徹してデータサイエンスを学ぶために、九鬼祖父にどのような手順で説明すれば効果的かを述べよ。

Case3　解説

出題者意図

貸与型奨学金を受給することで抱える負債の影響についてのケースである。就職活動において奨学金の負債を人事担当者は気にしない。なぜなら、日本学生支援機構の貸与型有利子奨学金である「きぼう21プラン」の受給者が増えており、もはや大学生の半分程度が受給している状況だからである。また、消費者金融からの借金とは異なり、国の外郭団体による奨学のための負債であるので、就労さえすれば返済可能であり、返済期間も長期で低利だから自己破産リスクが少ないからでもある。

しかしながら、人生のリプロダクション（生殖や再生産、すなわち結婚や子育て）の局面での影響は否定しきれない。結婚の際に、相手方の親族から奨学金の負債が障壁として指摘されるかもしれない。さらに無利子奨学金を理解できない親族がいると、ただ返済しろとしか言われない局面に遭遇することもあろう。そうした障壁についての理解を問う事例である。

回答例

問１　大学四年間の奨学金の総額を三〇〇万円と仮定すると、二〇年間での返済で毎月の返済額が一万五〇〇〇円程度となる。自家用車購入、マイホーム購入、結婚資金の三つについては、影響があると考える。少なくとも四十歳代までは新車購入をあきらめた方が無難である。

結婚については、日本学生支援機構の有利子奨学金受給者が増大しているので、あと一〇年たてば、多くのカップルがお互い奨学金を受給していた経験があることになる。とはいえ、見合い結婚では先方が気にする可能性が高いので、見合いによる出会いは期待薄になるだろう。恋愛結婚を目指して頑張るのがよい。

本書で何度も述べているように、奨学金＝借金ではなく、奨学金は三種類ある。そのうち「きぼう21プラン」は有利子であり教育ローンに近いものであるが、給付型奨学金と無利子奨学金は教育ローンとは異なるものである。無利子奨学金は最長二〇年の返済期間であり、前年度収入が三〇〇万円未満であれば、支払い猶予申請ができる。著者が見聞きした事例に、結婚に際して、無利子奨学金を無理して完済した事例がある。せめて無利子奨学金の返済総額と返済期間の計算結果程度はパートナーに理解させなければいけない。

問２　データサイエンスを学ぶために覚悟しなければいけない障壁は、西池先生が述べているように、勤労と学業の二足のわらじでは乗り切りにくいほどの学習が求められることである。イノベーション（技術革新）とは、目指すべき職業の社会的位置づけだけでなく、その職業に就くために求められる要件も変更させるものである。データサイエンスは、単に統計学だけではなく、「Python」や「R」のような高度なプログラミング言語を必要とする。小学校から高等学校までのキャリア教育と関連づけながら進路指導をする必要がある。

ポイント

奨学金のうち、貸与型奨学金を借りたことのデメリットはある。それは、リプロダクションの決定時に表出してくる。この場合、奨学金を将来のキャリア形成のための元手であると認識するとよい。つまり、「目先の小銭より後の大金」を座右の銘にして、パートナーにも理解させるのである。ただし、相手が理解するかどうかは、愛情の深さよりも運に左右されるかもしれない。

コラム⑤ 刊行本・雑誌ガイド

専門家や保護者が、教育費について、どのような雑誌や刊行本を読むかによって教育費への理解の在り方は異なる。既に雑誌については、三上和夫『教育の経済』(春風社、二〇〇五年)において雑誌別の論調の違いについて論述されている。この文献では、出版社によって教育費に対する視点が異なっているのは当然ながら、女性雑誌『主婦の友』が教育費特集の件数で抜きん出ており、しかも時代特性を反映している代表的事例であることが指摘されている。現在、『日経プレジデントFamily』が定期的に特集を組んでいる。著者は、こうした雑誌を読むことで、家庭でもお金に関する話題を忌避することなく、進路選択時に必要な教育費用の算出と教育費の確保の算段について話題にするようになればよいと思う。

生徒や保護者向けの奨学金解説本が、近年相次いで刊行されている。ここでは計八冊を紹介する。

久米忠史『奨学金まるわかり読本2021　借り方・返し方・活かし方徹底アドバイス』(合同出版、二〇二一年)は、奨学金アドバイザーとしてのアドバイスが読みやすいレイアウトで述べられている。

給付型奨学金研究会『大学進学のための全国〝給付型〟奨学金データブック』(産学社、

二〇一六年）では、近年増えている各種法人や自治体による奨学金のリストが掲載されており、情報量が豊富である。高等学校の進路指導室と図書館に一冊ずつあれば、とても役立つであろう。

柴田武男・鶴田穣編『奨学金借りるとき返すときに読む本』（弘文堂、二〇一八年）は、奨学金問題に取り組んできた高校教諭、大学教員、弁護士、司法書士で構成された「埼玉奨学金問題ネットワーク」が多くの事例に基づき、計画通り返済できなくなった場合や延滞による裁判事例など、奨学金の申請だけでなく返済段階での法的手続きについても詳細に述べている。長期にわたる不況と非正規雇用の増大、コロナ感染症の蔓延（まんえん）のために、返済したくても返済できない経済状況の元奨学生が増えることが見込まれることから、本書は奨学生にとって必須文献であるといえる。

竹下さくら『「奨学金」上手な借り方新常識』（青春出版社、二〇二一年）は、ファイナンシャルプランナーである竹下さくらによる奨学金と申請手続きの解説本である。ファイナンシャルプランナーにありがちな金融商品の紹介をすることなく、申請手続きのタイミングなど利用者目線の解説がなされている良書である。制度改変直後に新制度に対応した改訂版を緊急出版するなど迅速性も評価できる。

末冨芳編著『子どもの貧困対策と教育支援』（明石書店、二〇一七年）は、貧困家庭の奨学金問題にとどまらず、子どもの貧困対策としての学習支援や居場所確保の検証をし、有効な政策を進めるための連携や協働のあり方を検討している。専門家集団としての連携のあり方を考える契機となる本である。

華井由利奈『女子のための「手に職」図鑑』(光文社、二〇一八年)は、「パティシエの離職率は99%」と衝撃的な文句を帯に付した本であり、タイトル通り女子の視点から職業紹介をしている。具体的には、就労に必要な資格や学歴だけではなく、生涯にわたって就労できるような職業か否かの情報まで掲載しており、キャリア教育教材としても活用できる。男子も読んでおくべき本である。

西原理恵子『この世でいちばん大事な「カネ」の話』(角川文庫、二〇一一年)は、漫画家の西原理恵子が人生で学んだお金の話をまとめた本である。波瀾万丈な半生を経て、漫画家として成功してからもブレずに一貫したお金に対する態度を面白く説明している。とりわけ「金がないのは、首がないのと同じ」という言葉は、元手がなければ何もできない社会の本質をついている。

おわりに

Swing-Byのブックレットシリーズの第一弾として、無償化政策が始動した後に、生活困窮家庭の子どもへの指導助言の手引を刊行した。生活困窮家庭の子どもに対する進路指導担当者向けの指導教本は、これまでありそうでなかった書籍である。その理由は、本文で述べたように生活困窮家庭の子どもの進学問題は公的に取り組むべき問題でありながら、プライベートな事項（以降、「私事」と略記）として各家庭で取り組むべき問題に位置づけられてしまったからである。高度経済成長以降、家庭の経済力向上により高校と大学への進学率が上昇して、進学が私事的事項になったことで、連動して生活困窮家庭の子どもの進学問題が後背に退いてしまった。

しかしながら、バブル経済崩壊後の長期経済低迷期となり、もはや進学問題を家庭の失敗という私事でかたづけてしてしまうことは、日本社会の衰退を放置することになる。今後も我が国の経済が低迷して、人口減少もさらに進展すれば、我が国は先進国から後進国となる可能性がある。いま取り組むべき課題として、国民各個人の生産性向上を唱える政治家や経済人がいるが、それは私事として国民に専門的知識を獲得させれば済む問題ではない。国民の生産性向上のためには、国民全員に教育を受ける機会が公的機関によって保障されていることを前提条件としている。さらに教育を受ける権利は、単に教育機関を整備するだけではなく、可能な限り公的負担の割合を高めることで、教育費を確保できない生活困窮家庭の教育支援をする必要がある。生活困窮家庭の子どもの進学問題を「家庭の問題」から公的な課題へと位置づけなおすためにも、本書を活用した指導助言が望まれるのである。

あとがき

著者が本書に取り組んだ理由は、神戸市御影出身の著者が大学一年生の時に、阪神淡路大震災により罹災した実家の経済状況の悪化のため、授業料免除と奨学金の有利子と無利子の併用で、以降の就学を継続したからである。結局、博士号取得までの九年間の就学期間のほとんどを授業料免除で乗り切ったが、博士号取得時点で奨学金の負債が一〇〇〇万円を突破してしまった。幸いなことに学部と大学院での指導教員が、いずれも経済的困窮を乗り越えて研究者となられた経験を有しており、申請にあたって的確な指導助言をしていただき大変助かった。その際に知り得た情報の一部は、本書で述べた。

これまで著者は、経済的に困窮しながらも向学心にあふれている学生に授業料免除と奨学金申請の指導助言を行ってきた。相談してきた学生は、ほぼ確実に取得できている。ただし、向学心以外の邪（よこしま）な意図をもつ学生は相談過程で判明次第、相手にしないことにしている。私は、プライドよりも志をとるほどに、なりふり構わず勉学に励む学生にしか指導助言しないので、授業料免除と奨学金申請の個別対応には厳しく臨むことを表明しておく。

本書は、Swing-Byが企画するブックレットシリーズの一環として刊行された。Swing-Byのブックレットシリーズ刊行の目的は、Swing-Byの事業を普及させるためとSwing-By主催の研修会でのテキストとしての活用である。高等教育機関や実践現場の最新の調査研究内容を平易な言葉にして多くの人に読んでもらうことを念頭に置いている。今後、各領域・各分野の取り組みをまとめた成果を順次刊行していく予定である。「はじめに」で述べたように、本書刊行で得られた利益は全てSwing-Byに寄付をする。今後少しでも多くの生活困窮家庭の子どもたちに高等教育への進学が保障されることを祈念する。

著者経歴

湯田　拓史（ゆだ　ひろふみ）

博士（学術）神戸大学

宮崎大学大学院教育学研究科（教職大学院）准教授
神戸大学大学院総合人間科学研究科修了
神戸大学百年史編集室助教から活水女子大学健康生活学部専任講師を経て現職。

『都市の学校設置過程の研究』同時代社（単著）
『地域教育の構想』同時代社（共著）
『創立百年史　土佐中学校　土佐高等学校』土佐高等学校（執筆と編集）

カバーデザイン　ウフラボ 平野 由記（ひらの ゆき）

［NPO法人 Swing-By 公式サイト］
https://swingby-miyazaki.com/

Swing-By BOOKLET SERIES No.01
奨学生への指導手引
授業料無償化政策以降の指導助言

二〇二二年一月十日　印刷
二〇二二年一月二十日　発行

著　者　湯田拓史©
発行者　川口敦己
発行所　鉱脈社
〒八八〇‐八五五一
宮崎県宮崎市田代町二六三番地
電話　〇九八五‐二五‐一七五八

印刷
製本　有限会社 鉱脈社

「Swing-Byブックレット」刊行のことば

特定非営利活動法人として、子どもの貧困の連鎖を断ち切る活動を行っています。宮崎日日新聞社が2014（平成26）年１月から約１年にわたって連載した「だれも知らない：みやざき子どもの貧困」という特集をきっかけに、なんとかしなくてはいけないと思った人たちが集まり団体を設立しました。

支援活動においては、個人情報保護等の観点もあり、実態を知る人が限られ支援が及ばないなどの課題がありますが、必ず他団体と協働し、対象者が個人であれば第三者をたて、支援する側のひとりよがりにならないように努めてきました。活動を通して、子どもたちが置かれている状況および実際に行われている各種支援を知るにしたがって、自治体や企業、多くの専門分野の方々との協働は今後さらに強化する必要があると感じるようになりました。

そこで、当団体では、活動実績や知見を公開する手段として、小冊子のシリーズ「Swing-Byブックレット」を刊行することとしました。書籍化された「だれも知らない：みやざき子どもの貧困」に対して、同様に書籍として活動の経過報告の必要があると考えた結果です。

子どもたちに関わる教育・福祉・医療・法律など、さまざまな分野からの提言や活動実績などを公開し、子どもたちに関わるおとなの変化を早急に促すことを目的とします。

読者のみなさまとともに、この小冊子を通して、１人でも多くの子どもの自立を支えていきたいと願っています。

2022年１月　代表 高橋 好香